Lenormand-Orakel

Rat und Hilfe für alle Lebensbereiche

Inhaltsverzeichnis

Das Kartendeck 2
Geführte Legungen 3
Freie Legungen 5
Beschreibung der einzelnen Karten 8

tosa

Das Kartendeck

Das vorliegende kleine Lenormand-Kartendeck (auch Petit Lenormand genannt) besteht aus 36 Karten und ist die kleinere Version des großen Kartendecks (Grand Lenormand), bestehend aus 52 Karten. Es ist benannt nach der französischen Wahrsagerin Marie Anne Lenormand (1768–1843), die eine gute Freundin von Napoleon war.

Die 36 Karten sind von großer Schlichtheit, was vermutlich der Grund dafür ist, dass sie direkt zu unseren Herzen sprechen, ohne komplizierte und irreführende Interpretationen durch den Verstand. Es sind 36 einfache und unmittelbar verständliche Bilder von Charaktereigenschaften, Situationen, Tieren und Gegenständen, die reale Umstände und Tatsachen ins Bewusstsein rücken, mehr noch als Empfindungen und Emotionen. Das Kartendeck erweist sich als besonders hilfreich für die Wahrsagepraxis und hat keine philosophischen oder spirituellen Ansprüche.

Neben den symbolischen Figuren zeigt jede Karte jeweils auch ein Exemplar der klassischen Spielkarten, die die Bedeutung der symbolischen Figur erweitert und vertieft. Intuition und Erfahrung sind hierbei miteinander verbunden und nähern sich schrittweise den existentiellen Lebensbereichen, nach denen der Ratsuchende fragt: Liebe, Arbeit, Familie, Gesundheit, Geld, Freundschaft usw.

Die Karten können von unten nach oben (dann findet sich die Deutung unter ⊕) oder von oben nach unten (dann siehe ⊖) gelesen werden. Unter ⊕ findet sich also die positive Lesart, unter ⊖ die negative Lesart der Deutung. Manche Karten haben eine grundlegend positive oder negative Bedeutung, sodass selbst deren positive Lesart in einer negativen Botschaft besteht. So kann auch die negative Lesart von positiver Bedeutung sein.

Jede Karte hat eine Nummer, eine Grundbedeutung und eine allgemeine hellseherische Bedeutung für die Zukunft, die in eine positive (⊕) oder negative (⊖) Richtung gehen kann. Außerdem gibt sie Auskunft über den Zeitpunkt, zu dem sich die vorhergesagten Ereignisse einstellen könnten, und hält einen Rat bereit.

Geführte Legungen

Zu jeder Karte gibt es Erläuterungen für zwei geführte Legungen, die Jahreslegung und das Zigeunerorakel, die für Anfänger gut geeignet sind. Im Anschluss daran finden Sie weitere, freie Legemöglichkeiten mit den entsprechenden Legeplänen und Erläuterungen. Ihnen ist keine detaillierte Deutung beigefügt, sie sind für erfahrene Kartenleger gedacht. Natürlich können auch Anfänger diese freien Legungen ausprobieren und sich dabei mit den Themen der jeweiligen Karten (siehe „Hellseherische Bedeutung") vertraut machen.

Jahreslegung

Die Jahreslegung wird am besten zu Beginn eines neuen oder am Ende des alten Jahres durchgeführt. Bei dieser Legung werden 12 Karten gelegt, eine Karte für jeden Monat. Sie zeigt die wichtigsten Ereignisse oder bestimmende Gedanken des jeweiligen Monats auf.

Zigeunerorakel

Das Zigeunerorakel kann auf zwei verschiedene Arten angewendet werden:
1. als vollständige Legung. Es rückt drei wichtige Lebensbereiche in den Mittelpunkt (Gefühle, Erfolg, Geld) und beleuchtet deren unterschiedliche Phasen (Vergangenheit, Gegenwart und Zukunft). Dabei werden unvorhersehbare Aspekte berücksichtigt: Hilfe von außen, Prüfungen, Überraschungen und Hindernisse, die dazwischenkommen und eine Situation entweder vorantreiben oder zu Fall bringen können.
2. als Ergänzung zur Jahreslegung. Es kann genutzt werden, um besonders problematische Monate zu untersuchen.

Die Segnung des Kartendecks

Vor der Verwendung des Kartendecks sollte es einmalig gesegnet werden. Die beste Zeit dafür ist die Wintersonnenwende oder die Tage zwischen dem 26. Dezember und dem 6. Januar. Gehen Sie dabei nach folgender Anleitung vor:

Legen Sie ein rotes Tischtuch auf den Tisch, entzünden Sie ein Räucherstäbchen und eine rote Kerze und legen Sie die Karten auf den Tisch. Legen Sie ebenso einen Löffel mit Salz (oder einen Kristall, der unter fließendem Wasser gereinigt wurde) dazu sowie eine Schüssel mit Obst und anderen Lebensmitteln, die beim Erntedankfest aufgestellt werden – wie z.B. Feigen, Datteln, Haselnüsse, Linsen und Reis. Schließlich sollten Sie noch einen trockenen Zweig einer heiligen Pflanze dazulegen, wie z.B. Lorbeer, Wacholder, Tanne oder Mistel. Halten Sie das Kartendeck in der linken Hand und führen Sie es dreimal durch den Rauch des Räucherstäbchens, während Sie Ihren Namen laut und deutlich aussprechen. Legen Sie alle Karten verdeckt in numerischer Reihenfolge von 1 bis 36 nebeneinander in sechs Reihen zu je sechs Karten von oben links beginnend aus. Legen Sie die nächste Reihe unterhalb der bereits gelegten Reihe. Nehmen Sie den Zweig in die Hand und berühren Sie damit leicht jede einzelne der 36 Karten. Machen Sie einen weiteren Durchgang und nehmen Sie dabei in entgegengesetzter Richtung von der zuletzt bis zur zuerst gelegten Karte alle Karten in die Hand. Legen Sie das Kartendeck dann ab und blasen Sie dreimal sanft darüber. Binden Sie es mit einem roten Band zusammen und legen Sie es in eine rote Schachtel, zusammen mit einem Teil des Zweiges, den Sie zuvor verwendet haben.

Bringen Sie die Karten in die richtige Reihenfolge von 1 bis 36, bevor Sie sie wieder in ihre Aufbewahrungsschachtel legen.

Geführte Legungen

Jahreslegung

Diese Legung sollte in der Silvesternacht nach Mitternacht oder am letzten Abend der ersten Woche im neuen Jahr erfolgen.

Teilen Sie das Deck grob in sieben Stapel, ohne die Karten abzuzählen. Fügen Sie das Deck dann folgendermaßen wieder zusammen: Der erste, der dritte, der fünfte und der siebte Stapel werden aufgedeckt aufeinandergelegt, der zweite, der vierte und der sechste werden verdeckt aufeinandergelegt. Vermischen Sie die Karten nun auf dem Tisch und „klopfen" Sie auf die Karten, indem Sie sie dreimal mit der rechten Hand berühren. Sprechen Sie dabei laut und deutlich Name und Geburtsdatum der Person aus, für die Sie um Rat suchen.

Nehmen Sie 12 Karten und ordnen Sie sie von links beginnend in einem Halbkreis an. Die Karten werden dann in entgegengesetzter Richtung gedeutet: Die letzte Karte steht für den Januar, die nächste für den Februar usw., bis zur ersten Karte, die für den Dezember steht.

Nun werden die 12 Karten mithilfe der Interpretation in diesem Buch „gelesen" (nicht vergessen: von rechts nach links), wobei die beiden verschiedenen Richtungen beachtet werden sollten (von rechts nach links: positive Deutung ⊕, von links nach rechts: negative Deutung ⊖). Die Karten können in Grundzügen die wichtigsten Ereignisse und Lebensbereiche (Gefühle, Erfolg oder Geld) des jeweiligen Monats umreißen.

Wenn Sie detaillierte Informationen möchten, können Sie jeweils sechs Monate auswählen, 24 der verbleibenden Karten mischen und jeweils vier Karten für jeden Monat legen, den Sie näher untersuchen möchten. Legen Sie die Karten in Reihen unterhalb der Monatskarten, von unten beginnend. Lesen Sie dann zu jeder Karte die im Zigeunerorakel beschriebene Auslegung wie folgt: A) Finden Sie zunächst das Thema (Gefühle, Erfolg oder Geld) der jeweiligen Monatskarte anhand der

Beschreibung der Jahreslegung bei den einzelnen Karten. Nun folgen Sie dem Legeplan für das Zigeunerorakel.

B) Die erste Karte der Reihe (Position 1) verdeutlicht die Ursachen der Situation. Die zweite (Position 2) beschreibt die gegenwärtige Situation mit allem Für und Wider. Die dritte Karte (Position 3) zeigt mögliche unerwartete Ereignisse, Hilfe von außen oder dazwischentretende Hindernisse an, die eine Änderung der Situation bewirken können. Die letzte Karte (Position 4) enthüllt den Ausgang oder die zukünftige Entwicklung der Situation.

Zigeunerorakel

Mischen Sie die Karten auf dem Tisch, decken Sie dabei einige Karten auf. Fügen Sie das Kartendeck wieder zusammen, stehen Sie auf und klopfen Sie auf die Karten, wobei Sie Ihren Namen laut und deutlich aussprechen. Dann teilen Sie das Kartendeck in neun Stapel zu je vier Karten.

Legen Sie den ersten und den zweiten Stapel auf die Seite und legen Sie die vier Karten des dritten Stapels links beginnend von unten nach oben in eine Reihe. Fahren Sie in dieser Weise fort – legen Sie den vierten und den fünften Stapel beiseite und legen Sie die vier Karten des sechsten Decks in eine Reihe von unten nach oben rechts neben die bereits gelegte Kartenreihe. Legen Sie dann den siebten und den achten Stapel beiseite und bringen Sie die Karten des neunten Stapels rechts in eine Reihe.

Nun liegen drei Reihen zu je vier Karten vor Ihnen: Links liegt die Kartenreihe, die mit den Gefühlen verbunden ist (Familie, Kinder, Liebe, Eroberung). In der Mitte befindet sich die Reihe, die Auskunft gibt über den Erfolg (Arbeit, Studium, Sport, Reisen). Rechts liegen die Karten, die mit dem Geld verbunden sind (Verdienst, Geschäfte, Kapitalanlagen, Erwerbungen, Erbschaften).

Die ersten Karten von unten geben Aufschluss über:

Position 1: Vergangenheit. Der Ursprung der Situation und ihre Ursachen.

Position 2: Gegenwart. Die momentanen Bedingungen mit allem Für und Wider.

Position 3: Unerwartete Ereignisse. Gute und schlechte Überraschungen, Unterstützung und Rückschläge, die Einfluss auf die Situation haben.

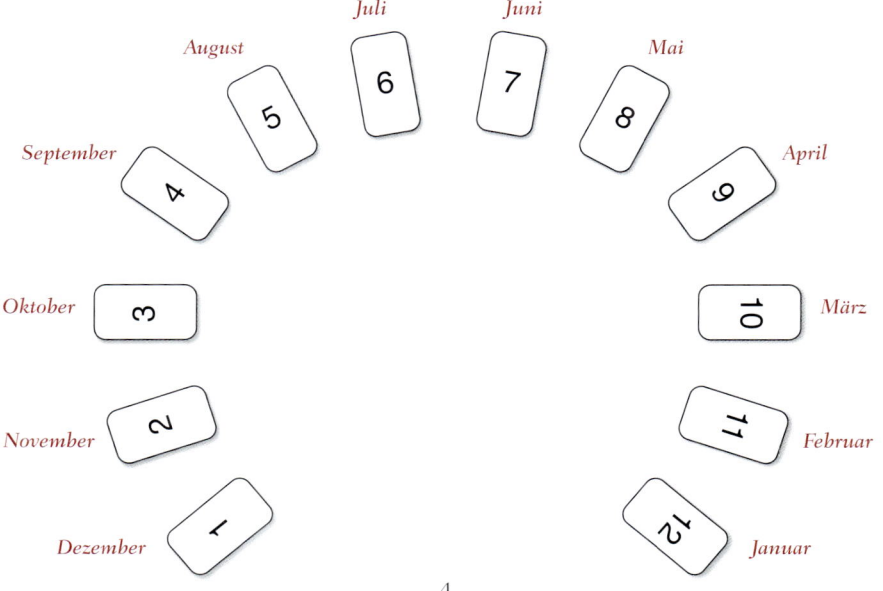

Position 4: Ergebnis. Wendepunkt, die zukünftige Fügung der Situation.

Die Bedeutung der einzelnen Karten auf ihren Positionen finden Sie in diesem Buch. Wenn Sie die Karten nach einer umfassenden Antwort befragen möchten, dann drehen Sie die Reihenfolge der Positionen um (4 wird zu 1, 3 zu 2, 2 zu 3 und 1 zu 4) und lesen die negative Deutung einer jeden Karte.

4	4	4	*Ergebnis*
3	3	3	*unerwartete Ereignisse*
2	2	2	*Gegenwart*
1	1	1	*Vergangenheit*
Gefühle	*Erfolg*	*Geld*	

Freie Legungen

Wie entwickelt sich Ihre Beziehung und hat sie eine Zukunft?

Nachdem Sie die Karten gut gemischt haben, berühren Sie sie dreimal mit der rechten Hand und sprechen dabei den Namen der Person aus, die Sie lieben. Nun nehmen Sie die verdeckten Karten in die Hand, legen die ersten drei Karten beiseite und drehen die vierte Karte um (Position 1 des Legeplans). Dann nehmen Sie erneut vier Karten ab und drehen die achte Karte um (Position 2 des Legeplans). Auf diese Weise arbeiten Sie sich durch das gesamte Kartendeck.

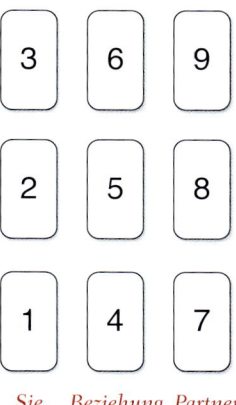

Sie   Beziehung   Partner

Sie haben nun neun Karten, die Sie in drei Spalten zu jeweils drei Karten angeordnet haben. Die erste Spalte links gibt Ihnen Aufschluss über Sie selbst:
Position 1: wer Sie sind
Position 2: wovor Sie sich fürchten
Position 3: worauf Sie hoffen
Die dritte Spalte rechts gibt Ihnen Aufschluss über Ihren Partner:
Position 7: wer er/sie ist
Position 8: wovor er/sie sich fürchtet
Position 9: worauf er/sie hofft
Die mittlere Spalte offenbart Vergangenheit, Gegenwart und Zukunft Ihrer Beziehung:
Position 4: Vergangenheit
Position 5: Gegenwart
Position 6: Zukunft

Ein Blick auf Sie selbst und Ihre mögliche Zukunft

Von dem zuvor gemischten und geteilten Deck nehmen Sie die oberste Karte ab und legen sie in die Mitte. Sie fasst zusammen, wer Sie sind und umreißt Ihren Charakter.

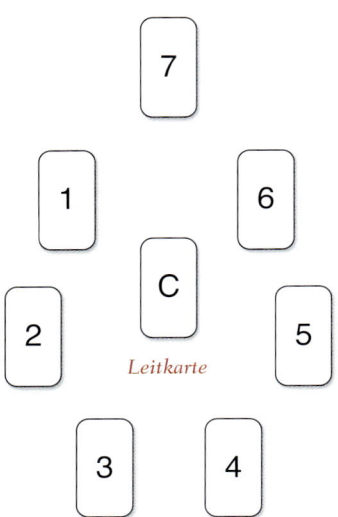

Unterteilen Sie die verbleibenden 35 Karten in sieben kleinere Stapel zu jeweils fünf Karten und ordnen Sie diese vertikal untereinander an. Nehmen Sie von diesen sieben Ministapeln die oberen und die unteren Karten weg, behalten Sie die mittlere Karte und legen Sie diese auf Position 1 des Legeplans. Verfahren Sie auf diese Weise mit allen sieben Stapeln und ordnen Sie die sieben Karten – wie auf der Abbildung gezeigt – um die Leitkarte in der Mitte herum an.

Position 1: Gefühle, Vergangenheit, das Zuhause
Position 2: Intelligenz, Kommunikation, Geschäfte
Position 3: Liebe, Beziehungen
Position 4: Willenskraft, Erfolg
Position 5: Kraft, Kämpfe
Position 6: Zukunft, Geld
Position 7: Unglück, Bewährungsproben

Ein Orakel für „sie" oder „ihn"

Mischen Sie die Karten, formulieren Sie eine bestimmte Fragestellung und bereiten Sie die Legung vor.

Nehmen Sie die oberste Karte ab, die das Überraschungsmoment darstellt. Unterteilen Sie die verbleibenden 35 Karten auf fünf kleine Stapel zu jeweils sieben Karten und legen Sie diese von rechts beginnend in eine Reihe. Frauen beginnen bei dieser Befragung der Karten am linken Ende, Männer am rechten Ende der Reihe. Nun nehmen Sie jeweils die oberste Karte der einzelnen Stapel und bringen sie in die auf dem Legeplan gezeigte Position.

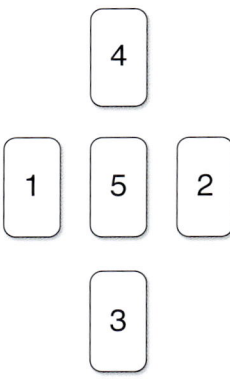

Position 1: was für Sie ist
Position 2: was gegen Sie ist
Position 3: der Ursprung der Angelegenheit
Position 4: das Ziel, das erreicht werden sollte
Position 5: das Ergebnis

Die chinesische Legung nach den fünf Elementen

Mischen Sie die Karten und nehmen Sie die oberste Karte ab, die den Ratsuchenden darstellt. Unterteilen Sie die anderen Karten in fünf kleine Stapel zu jeweils sieben Karten und bringen Sie die jeweils oberste Karte der einzelnen Stapel in die auf dem Legeplan gezeigten Positionen.

Position 1: Feuer: repräsentiert Ihre Leidenschaft, Energie, Sexualität
Position 2: Erde: repräsentiert Ihre körperliche Verfassung, Gesundheit, Geld
Position 3: Metall: repräsentiert Ihre Kämpfe, Bestrebungen, Arbeit
Position 4: Wasser, repräsentiert Ihr Innenleben, Ängste, Wünsche
Position 5: Holz: repräsentiert die Beziehungen, Kommunikation, Reisen

Karten 1 – 2 – 3: was getan werden sollte
Karten 4 – 5 – 6: was nicht getan werden sollte
Karten 7 – 8 – 9: die zukünftige Situation
Karten 10 und 11: Überraschungen

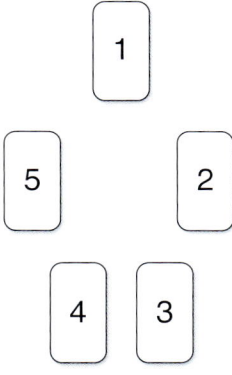

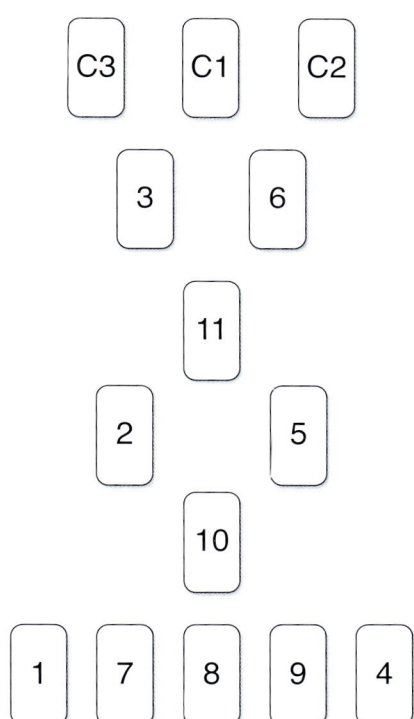

Die Vorhersagen der „elf Schwestern"

Mischen Sie die Karten und legen Sie drei davon als Leitfaden für die Persönlichkeit des Ratsuchenden (1: Charakter; 2: Tugenden, 3: Fehler) in die Positionen C1, C2 und C3 des Legeplans. Unterteilen Sie die verbleibenden 33 Karten in drei kleine Stapel zu jeweils 11 Karten, die Sie dann in Form eines Dreiecks anordnen, wobei zwei kleine Stapel unten und einer oben abgelegt wird. Der obere Stapel wird nun für die Legung verwendet. Bringen Sie die 11 Karten in die entsprechenden Positionen des Legeplans und deuten Sie diese folgendermaßen:

1 – Der Reiter

Grundbedeutung
Gute Nachricht, Neuanfang, Besuch, Aktivität

Hellseherische Bedeutung
⊕ Angenehme Überraschungen durch einen Mann.
⊖ Eine ehrgeizige Person hat Erfolg auf Kosten des Ratsuchenden.
Zeitraum: 1. bis 10. Januar
Rat: Fürchten Sie sich nicht vor der Erneuerung, vergessen Sie jedoch nicht die Tradition, die Sie dorthin geführt hat, wo Sie gerade sind.

Geführte Deutung
Jahreslegung
⊕ In diesem Monat konzentriert sich alles auf die Gefühle. Das Paar versöhnt sich nach einem Streit, Liebe gewinnt die Oberhand über Logik, Furcht, Zweifel und äußere Einflüsse. Eine ersehnte Schwangerschaft kündigt sich an.
⊖ Sie machen sich große Sorgen um Liebe und Zuneigung. Eine freundliche, lebhafte, jedoch eigensinnige Person sorgt für Zweifel und Anspannung zwischen den Partnern. Furcht vor einer Schwangerschaft, die momentan nicht mit Ihrer finanziellen Situation vereinbar ist. Zeitweilige schmerzvolle Trennung von einem geliebten Menschen.

Zigeunerorakel
• *Gefühle*
Position 1: Vergangenheit
⊕ Ihre Liebesangelegenheiten waren immer von Vertrauen und Respekt geprägt, mit einem Streben nach Sicherheit und Gegenseitigkeit.
⊖ Kleinere Unanehmlichkeiten, Hindernisse oder zeitweilige Trennungen haben Sie ruhelos gemacht.

Position 2: Gegenwart
⊕ Ein Freund bestätigt die Bedeutung einer Person, auf die Sie stolz sind.
⊖ Schlechte Nachrichten, Gerüchte und kleinere Missverständnisse belasten eine gute Beziehung.

Position 3: Unerwartete Ereignisse
⊕ Eine nette Überraschung, ein Geschenk, eine Einladung durch einen Mann. Eine unerwartete Geburt.
⊖ Eine nette Person könnte Ihre Beziehung ins Schwanken bringen.

Position 4: Ergebnis
- ⊕ Nach einem Streit versöhnt sich das Paar wieder. Die Liebe triumphiert erneut.
- ⊖ Eine ehrgeizige und bösartige Person hat Erfolg auf Ihre Kosten. Aus sentimentaler Rivalität gehen Sie als Verlierer hervor.

• *Erfolg*
Position 1: Vergangenheit
- ⊕ Sie haben fair gekämpft und eine gute Position erlangt.
- ⊖ Eine ehrgeizige junge Person hat Sie in die Ecke gedrängt.

Position 2: Gegenwart
- ⊕ Sie lieben Ihre Arbeit, Sie haben Selbstvertrauen, Ihre Kollegen und Ihr Chef schätzen Sie sehr. Hilfreiche Freundschaften. Ihr Bestreben erfüllt sich.
- ⊖ Neid und Unmut am Arbeitsplatz.

Position 3: Unerwartete Ereignisse
- ⊕ Ein Freund bietet Ihnen seine Unterstützung und wertvollen Rat an. Eine auf Erfahrung gegründete Lösung stellt sich unerwartet ein.
- ⊖ Überraschender Angriff. Ein unzufriedener junger Rivale nimmt Rache.

Position 4: Ergebnis
- ⊕ Auch in einem Moment der Krise werden der Partner und die Kollegen zu Ihnen halten. Die Konfliktparteien erzielen eine Einigung.
- ⊖ Geringfügige Herabstufung oder zeitweiliger Wechsel von Aufgaben und Pflichten. Mögliche Versetzung aufgrund der gegebenen Umstände.

• *Geld*
Position 1: Vergangenheit
- ⊕ Sie haben auf traditionelle Weise Geld gespart und angelegt, ohne Risiko.
- ⊖ Bei risikoreichen Anlagen haben Sie eine kleine Geldsumme verloren.

Position 2: Gegenwart
- ⊕ Ihre gute finanzielle Stellung ermöglicht Ihnen Sonderausgaben: ein kostbares Geschenk für einen geliebten Menschen.
- ⊖ Kleinere Rückschläge und Verzögerungen bei der Rückzahlung eines ausstehenden Kredits zu Ihren Gunsten.

Position 3: Unerwartete Ereignisse
- ⊕ Eine junge Person überbringt beruhigende Neuigkeiten zum Thema Geld.
- ⊖ Unerwarteter Verlust bei Kapitalanlagen, Sicherheiten leicht abnehmend.

Position 4: Ergebnis
- ⊕ Dank der Empfehlung durch einen Freund wird Ihnen eine ausgezeichnete Investition gelingen.
- ⊖ Zeitweilige Probleme. Dank wertvoller Unterstützung kann ein größerer Verlust vermieden werden.

2 – Der Klee

Grundbedeutung
Glück, gutes Gelingen, Hoffnung

Hellseherische Bedeutung
⊕ Erfolg in allen Lebensbereichen.
⊖ Verpasste Gelegenheiten, aufgrund von Faulheit oder Nachlässigkeit.

Zeitraum: 11. bis 20. Januar

Rat: Seien Sie Gott gegenüber dankbar für Ihren Erfolg und nutzen Sie Ihr angesammeltes Kapital für neue Geschäfte.

Geführte Deutung
Jahreslegung
⊕ Konzentrieren Sie sich in diesem Monat darauf, Ihr Geld zu vermehren. Vorteilhafte Geschäfte oder eine unerwartete Erbschaft verschaffen Ihnen zusätzliches Geld oder ermöglichen eine lohnende Investition mit geringem Risiko. Die Aktien steigen.
⊖ In diesem Monat drehen sich alle Gedanken ums Geld. Verzögerungen bei der Beschaffung einer Geldsumme, geringerer Gewinn als erwartet, erdrückende Rechnungen und Schulden. Einem allzu verlockenden Geschäft sollten Sie misstrauen: Jemand will Sie betrügen.

Zigeunerorakel
• *Gefühle*

Position 1: Vergangenheit
⊕ Sie hatten eine unglückliche Kindheit und suchen nach Sicherheit und Liebe.
⊖ Sie wurden betrogen, was Sie tief verletzt hat. Das hat Sie ernüchtert und vorsichtig gemacht.

Position 2: Gegenwart
⊕ Die Gelegenheit Ihres Lebens! Gegenseitige Liebe, eine Person mit einem vorteilhaften finanziellen Hintergrund tritt in Ihr Leben.
⊖ Eine gefährliche Person kommt Ihnen zu nahe. Seien Sie bemüht, Ihren Partner nicht zu vernachlässigen. Sie könnten ihn dadurch verlieren.

Position 3: Unerwartete Ereignisse
⊕ Die Begegnung mit einer attraktiven und wohlhabenden Person, die aber schon anderweitige Verpflichtungen hat, bringt Ihre Werte ins Wanken.

⊖ Die Abreise der von Ihnen geliebten Person stürzt Sie in eine Krise. Geben Sie acht! Eine gefährliche Person hat Ihnen eine Falle gestellt!

Position 4: Ergebnis
⊕ Alles wird sehr gut ausgehen. Sie werden einen wohlhabenden Partner bekommen.
⊖ Komplikationen und unerwartete Ereignisse bedrohen eine Beziehung. Aus Angst, etwas aufs Spiel zu setzen, riskieren Sie, alleine dazustehen.

- *Erfolg*

Position 1: Vergangenheit
⊕ Dank guter Vorbereitung konnten Sie einen guten Vertrag und ein ausgezeichnetes Geschäft abschließen.
⊖ Aufgrund von Faulheit und Nachlässigkeit haben Sie eine beneidenswerte Gelegenheit versäumt.

Position 2: Gegenwart
⊕ Neue Verpflichtungen. Eine reizvolle Aufgabe holt das Beste aus Ihnen heraus.
⊖ Verzögerungen und Komplikationen beim Abschluss eines Vertrags. Sie müssen auf die Rückkehr einer Person warten.

Position 3: Unerwartete Ereignisse
⊕ Eine Umstrukturierung innerhalb der Belegschaft dient Ihrem Vorteil und entledigt Sie eines Rivalen.
⊖ Bürokratische Hindernisse im Hinblick auf etwas Verlorenes oder auf ein Schriftstück.

Position 4: Ergebnis
⊕ Jede Ihrer Anstrengungen wird Ihnen einen außerordentlichen Erfolg bringen.
⊖ Ihre Geschäfte drohen zu misslingen, weil Sie die falsche Person ins Vertrauen gezogen haben.

- *Geld*

Position 1: Vergangenheit
⊕ Eine Erbschaft oder ein vorteilhaftes Geschäft gewährt Ihnen Sicherheit.
⊖ Sie haben eine traumhafte Gelegenheit versäumt, die nie wieder kommen wird.

Position 2: Gegenwart
⊕ Anfängliche Unsicherheiten, dennoch guter Kompromiss.
⊖ Anspannung infolge eines unsicheren Geschäfts. Sie benötigen die Unterschrift einer Person, die weit von Ihnen entfernt ist.

Position 3: Unerwartete Ereignisse
⊕ Eine Erbschaft, ein zusätzliches Einkommen, eine gute Gelegenheit ermöglichen Ihnen zusätzliches Vergnügen.
⊖ Eine unerwartete Niederlage gibt einem Rivalen eine gute Gelegenheit.

Position 4: Ergebnis
⊕ Ein Geschäftsabschluss wird zu Ihrem Vorteil sein.
⊖ Wenn Sie Ihre Bestrebungen bekannt geben, werden Sie von einer scheinbar arglosen, gerissenen Person hintergangen.

3 – Das Schiff

Grundbedeutung
Reise, Veränderung, Ausland

Hellseherische Bedeutung
⊕ Gemütliche Ferien, angenehmer Ausflug.
⊖ Abreise ohne besondere Begeisterung, ein notwendiger Umzug.
Zeitraum: 21. bis 31. Januar
Rat: Reisen Sie ab, ohne zu bereuen. Es ist Zeit für einen Szenenwechsel und eine Horizonterweiterung.

Geführte Deutung
Jahreslegung
⊕ Nach einem anstrengenden Arbeitseinsatz sollten Sie diesen Monat stattdessen Ruhe halten. Aus Rücksicht auf Ihre Gesundheit könnten Sie eine Reise unternehmen. Studien- oder Geschäftsreisen, jedoch mit ausreichend Freizeit.
⊖ Eine Geschäftsreise oder eine wohlverdiente Urlaubsreise nach einer anstrengenden Zeit hält unangenehme Überraschungen bereit: Verzögerungen, Verluste, Enttäuschungen, Diebstahl. Heimweh und Sehnsucht nach dem geliebten Menschen.

Zigeunerorakel
• *Gefühle*
Position 1: Vergangenheit
⊕ Eine Krise in der Partnerschaft oder gesundheitliche Probleme werden dank eines Ortswechsels überwunden.
⊖ Ein notwendiger Umzug trennt Sie von dem geliebten Menschen.

Position 2: Gegenwart
⊕ Sie haben eine friedliche und angenehme Zeit, Urlaub und Ausflüge mit dem Partner.
⊖ Weit entfernt vom geliebten Menschen leiden Sie unter seiner/ihrer Abwesenheit.

Position 3: Unerwartete Ereignisse
⊕ Überraschende Einladung von einer weit entfernten Person oder ein kleiner Ausflug, um sie/ihn überraschend zu besuchen.
⊖ Unangenehme Begegnung mit dem Ex-Partner während eines Ausflugs.

Position 4: Ergebnis
⊕ Eine vorübergehende Trennung gibt einen klaren Kopf. Flitterwochen sind in Sicht. Eine gefühlvolle Reise, um Ihr wahres Selbst zu finden.
⊖ Ein unvermeidbarer Bruch verursacht Traurigkeit und Reue.

• *Erfolg*
Position 1: Vergangenheit
⊕ Die Wahl eines sesshaften Lebens hat Sie zur Familie zurückgebracht.
⊖ Ohne großen Enthusiasmus sind Sie zu einer wenig überzeugenden Geschäftsreise aufgebrochen und haben Ihre Familie und Ihre Freunde zurückgelassen.

Position 2: Gegenwart
⊕ Ein verdienter Urlaub nach einer anstrengenden Zeit.
⊖ Eine anstrengende Geschäftsreise wird lustlos in Angriff genommen.

Position 3: Unerwartete Ereignisse
⊕ Überraschende Überfahrt. Eine interessante Weiterbildung in Übersee.
⊖ Reue wegen abgebrochener Studien oder Arbeit.

Position 4: Ergebnis
⊕ Neuer Arbeitsvertrag im Bereich Tourismus, Ökologie oder Umwelttechnik.
⊖ Anstrengende, aber gut bezahlte Arbeit entfernt Sie von zu Hause.

• *Geld*
Position 1: Vergangenheit
⊕ Dank Ihrer Verpflichtungen in der Ferne verfügen Sie über gute Ersparnisse.
⊖ Finanzielle Angelegenheiten geben den Ausschlag für eine Krise in der Partnerschaft.

Position 2: Gegenwart
⊕ Kauf, Verkauf oder Sanierung eines Hauses außerhalb der Stadt.
⊖ Sie sind dabei, ein Problem zu lösen oder eine versäumte geschäftliche Gelegenheit wiederaufzunehmen.

Position 3: Unerwartete Ereignisse
⊕ Kleine Erbschaft von einem weit entfernten Verwandten.
⊖ Ein belangloser Diebstahl oder eine Sorge während eines Ausflugs.

Position 4: Ergebnis
⊕ Eine Geschäftsreise ins Ausland eröffnet Ihnen neue Perspektiven. Vorstellungen und Werten steht eine Wandlung bevor.
⊖ Gute Verdienste. Ein Kredit aus dem Ausland wird zurückgezahlt.

4 – Das Haus

Grundbedeutung
Stabilität, eigenes Heim

Hellseherische Bedeutung
⊕ Harmonie in Partnerschaft und Familie, gute Geschäfte, Erbschaft.
⊖ Familiäre Probleme.
Zeitraum: 1. bis 9. Februar
Rat: Ängste und Einbildungen sollten Sie außer Acht lassen und Probleme auf vernünftige Weise in Angriff nehmen. Bleiben Sie realistisch.

Geführte Deutung
Jahreslegung
⊕ In diesem Monat dreht sich alles um Haus und Geld: Ein Immobilienkauf, ein Umzug, Renovierungsarbeiten oder die Neuplanung der Möblierung stehen an. Welche Entscheidung Sie auch treffen, Sie sollten den Rat eines Fachmanns befolgen.
⊖ Die Schwierigkeiten in diesem Monat drehen sich um die Arbeit und die Bezahlung. Wenn Sie nicht auf Ihren Chef zugehen, müssen Sie eine Aussetzung der Gehaltserhöhung hinnehmen. Auch zu Hause gibt es Schwierigkeiten, insbesondere im Hinblick auf Renovierungen, Umzug oder den Kontakt zur entfernten Verwandtschaft.

Zigeunerorakel
• *Gefühle*
Position 1: Vergangenheit
⊕ Ein ersehnter Umzug, glückliches Zusammenleben.
⊖ Ein unerwünschter Umgebungswechsel. Rückkehr zur Familie aufgrund unglücklicher Umstände.

Position 2: Gegenwart
⊕ Glückliche Zweisamkeit im eigenen Heim, das von Liebe bestimmt wird.
⊖ Meinungsverschiedenheiten in der Familie. Streit um das Haus.

Position 3: Unerwartete Ereignisse
⊕ Unerwartete Begegnung mit einer netten, fürsorglichen und ungebundenen Person.
⊖ Atemberaubende Begegnung mit einer makellosen Person, die jedoch bereits gebunden ist.

Position 4: Ergebnis
⊕ Sie werden mit der in Erwägung gezogenen Person eine Familie gründen. Glückliche und friedliche Beziehung bis ins hohe Alter.
⊖ Streit unter den Partnern aufgrund der Beziehung zu den Schwiegerfamilien.

- *Erfolg*

Position 1: Vergangenheit
⊕ Ein kluger und einflussreicher Mann hat Ihnen professionelle Unterstützung zugesagt.
⊖ Probleme am Arbeitsplatz wegen einer Auseinandersetzung mit einer einflussreichen Person.

Position 2: Gegenwart
⊕ Umzug in ein größeres Haus infolge einer ersehnten beruflichen Veränderung.
⊖ Zeitweilige Arbeitslosigkeit. Entlassung. Kurzarbeit.

Position 3: Unerwartete Ereignisse
⊕ Unerwartete Hilfe von einem Kollegen mit hellem Haar.
⊖ Ein blonder Mann verursacht Missverständnisse und Rückschläge am Arbeitsplatz.

Position 4: Ergebnis
⊕ Eine einflussreiche Person ordnet eine Beförderung an.
⊖ Zugesagte Unterstützung wird nicht geleistet.

- *Geld*

Position 1: Vergangenheit
⊕ Beachtliche Gewinne, ertragreicher Immobilienhandel.
⊖ Umzug infolge schwieriger finanzieller Umstände. Zwangsweise Mehrfachnutzung von Räumlichkeiten.

Position 2: Gegenwart
⊕ Erwerb eines Hauses mit verfügbarem Geld oder mittels eines vorteilhaften Kredits.
⊖ Schwierigkeiten, die Miete oder den Kredit zu bezahlen.

Position 3: Unerwartete Ereignisse
⊕ Überraschende Erbschaft oder kleineres Geldgeschenk.
⊖ Unvorhergesehene Ausgaben aufgrund eines Schadens am Haus. Missverständnisse mit den Nachbarn.

Position 4: Ergebnis
⊕ Sie werden Ihr Traumhaus zu vorteilhaften Konditionen finden.
⊖ Der Abschluss eines vorteilhaften Immobiliengeschäftes misslingt im letzten Moment.

5 – Der Baum

Grundbedeutung
Gesundheit, Lebenskraft

Hellseherische Bedeutung
⊕ Ein Verwandter, Sohn, Tochter oder Freund, dem Sie vertrauen können.
⊖ Opfer, um die Familie und den Besitz zusammenzuhalten.
Zeitraum: 10. bis 19. Februar
Rat: Bevor Sie anderen vertrauen, sollten Sie zuerst sich selbst vertrauen.

Geführte Deutung
Jahreslegung
⊕ In diesem Monat kommt Ihre gesamte Energie in Form von Zuneigung, Ihrer Familie zugute. Sie fühlen sich Ihren Lieben gegenüber verpflichtet und widmen Ihren Erfolg der Familie. Stellen Sie sich auf drohende Sorgen ein.
⊖ Der Erhalt des Familienfriedens ist mühsam. Die Gefühle spielen eine bestimmende Rolle. Sie sind unzufrieden, ruhelos und fühlen sich elend. Finanzielle Sorgen, Unkosten und bürokratische Hürden kommen noch hinzu.

Zigeunerorakel
• *Gefühle*
Position 1: Vergangenheit
⊕ Im Hinblick auf wichtige Werte haben Sie eine hervorragende Erziehung in einer liebevollen Familie genossen. Diese Werte sind für Sie weiterhin wichtig.
⊖ Für den Erhalt des Familienfriedens müssen Sie viele Opfer bringen.

Position 2: Gegenwart
⊕ Sie leben im Einklang mit Ihrer Umgebung und haben stabile Freundschaften, auf die Sie zählen können.
⊖ Zweifel, Unsicherheiten und gebrochene Versprechen verursachen Angst um die Partnerschaft. Enttäuschung aufgrund einer ausgebliebenen Schwangerschaft.

Position 3: Unerwartete Ereignisse
⊕ In Ihrem Herzen entsteht etwas, jemand kommt in Ihr Haus.

⊖ Begründetes Misstrauen und unerwartete Hoffnung werfen ein neues Licht auf den Partner.

Position 4: Ergebnis
⊕ Sie werden entschädigt für die emotionale Sorgenlast.
⊖ Die Familie trotz des Durcheinanders zusammenzuhalten, kostet viel Kraft, Geduld und Opfer.

• Erfolg
Position 1: Vergangenheit
⊕ Ihren beruflichen Erfolg haben Sie sich redlich verdient.
⊖ Trotz angebotener Hilfe wurden Sie durch Pessimismus, Furcht und mangelndes Selbstvertrauen auf dem Weg zum Erfolg behindert.

Position 2: Gegenwart
⊕ Ihre Arbeit erfüllt Sie mit Stolz und Zufriedenheit.
⊖ Unzufriedenheit am Arbeitsplatz. Sie würden gerne die Stelle wechseln, wissen aber nicht wie.

Position 3: Unerwartete Ereignisse
⊕ Ein junger Verwandter würde Opfer auf sich nehmen, um Ihnen zu helfen.
⊖ Ein bürokratisches Hindernis stoppt Sie nur wenige Schritte vor dem Ziel.

Position 4: Ergebnis
⊕ Sie werden Ihr Ziel erreichen. Beruflicher Aufstieg oder ein erfolgreicher Abschluss sind in Sicht.

⊖ Ein nicht realisierbarer Traum enttäuscht Sie bitter. Begründete Zweifel und Sorgen wegen einer Angelegenheit, die nicht gelingt.

• Geld
Position 1: Vergangenheit
⊕ Sie wurden von Ihrer Familie unterstützt.
⊖ Notwendige Opfer, um den Familienbesitz zu erhalten.

Position 2: Gegenwart
⊕ Sie sind zufrieden mit dem, was Sie haben. Einem jungen Verwandten wird geholfen.
⊖ Finanzielle Sorgen. Bürokratische Hindernisse und Streik zögern die Rückzahlung einer erwarteten Geldsumme hinaus.

Position 3: Unerwartete Ereignisse
⊕ Eine unerwartete Abfindung für erlittenes Unrecht, erlassenes Bußgeld, zurückgewonnenes Geld.
⊖ Unvorhergesehene Aufwendungen für das Haus erfordern Einschnitte bei den Ausgaben.

Position 4: Ergebnis
⊕ Körperliches Wohlbefinden und finanzieller Wohlstand ohne Gefahren.
⊖ Es wird schwierig, aus den Schulden herauszukommen. Schwierigkeiten, einen Kredit bei der Bank zu bekommen.

6 – Die Wolken

Grundbedeutung

Unklarheit, Schwierigkeiten

Hellseherische Bedeutung

⊕ Vorübergehende Schwierigkeiten, kleinere Rückschläge und Verzögerungen.
⊖ Ernsthafte Probleme, verursacht durch unerwartete Ereignisse.
Zeitraum: 20. bis 29. Februar
Rat: Lassen Sie sich nicht entmutigen, die Hindernisse auf Ihrem Weg sind nicht von Dauer.

Geführte Deutung
Jahreslegung

⊕ Alle Bemühungen und Sorgen des Monats kreisen um die Arbeit. Vielleicht sind Sie insgeheim unzufrieden und verdrängen etwas. Holen Sie sich Hilfe von außen. Schrauben Sie Ihre Ansprüche zurück.
⊖ Hürden am Arbeitsplatz kosten Sie viel Energie. Eine gefährliche Person schmiedet geheime Pläne. Weder Freunde noch die Bank sollten Sie um Geld bitten, auch wenn die Gelegenheit günstig ist.

Zigeunerorakel
• *Gefühle*
Position 1: Vergangenheit
⊕ Selbstbeherrschung und Zuverlässigkeit waren von Kindheit an Ihre Richtlinien. Sie schrecken davor zurück, sich zu offenbaren und sich gehen zu lassen.
⊖ Eine Enttäuschung hat tiefe Verletzungen zurückgelassen

Position 2: Gegenwart
⊕ Eine vorübergehende Krise in der Partnerschaft, doch mit etwas gutem Willen kann die Harmonie wiederhergestellt werden.
⊖ Die Furcht vor negativen Erfahrungen hält Sie in der Einsamkeit gefangen.

Position 3: Unerwartete Ereignisse
⊕ Ein Verwandter wird Ihnen helfen, einen klaren Kopf zu bekommen. Sie können voll und ganz auf Ihren Partner vertrauen.
⊖ Eine intrigante Person schmiedet Ränke zur Beendigung Ihrer Partnerschaft.

Position 4: Ergebnis
⊕ Dank äußerer Hilfe können Sie eine unnötige und schmerzvolle Trennung abwenden. Ihr Partner liebt Sie, auch wenn er es nicht zum Ausdruck bringt.
⊖ Unvermeidbarer Bruch, das Paar passt einfach nicht zusammen.

• *Erfolg*
Position 1: Vergangenheit
⊕ Ihre Familie und Ihre Lehrer haben Sie zu einer willensstarken und widerstandsfähigen Person erzogen.
⊖ Sie mussten Ihre Pläne aufgrund von bestimmten Vorfällen in der Familie ändern.

Position 2: Gegenwart
⊕ Ablenkung und Hindernisse können Sie von Ihrem Ziel nicht abbringen. Sie sind entschlossen und haben die Fähigkeit, Ihr Ziel zu erreichen.
⊖ Ein hinterlistiger Rivale behindert Sie.

Position 3: Unerwartete Ereignisse
⊕ Entgegen allen Erwartungen ergreift Ihr Vorgesetzter für Sie Partei.
⊖ Die Probleme eines Kollegen gehen auf Sie über.

Position 4: Ergebnis
⊕ Eine Beförderung ist möglich, auch wenn sie Ihren Ansprüchen nicht genügt.
⊖ Unvorhergesehene Hindernisse bewegen Sie zu einem Kurswechsel.

• *Geld*
Position 1: Vergangenheit
⊕ Ein guter Berater hat Sie vor einem finanziellen Desaster bewahrt.
⊖ Finanzielle Probleme infolge der Krankheit eines Familienmitglieds.

Position 2: Gegenwart
⊕ Vorübergehende Probleme, ein gutes Gehalt, das Ihrem Lebensstil jedoch nicht gerecht wird.
⊖ Eine einflussreiche Person entscheidet über die Vergabe von Krediten und Finanzierungsmöglichkeiten.

Position 3: Unerwartete Ereignisse
⊕ Ein Kredit von einem einflussreichen Freund.
⊖ Hinterlistige Großzügigkeit, leihen Sie sich kein Geld, auch wenn Ihnen das Wasser bis zum Hals steht.

Position 4: Ergebnis
⊕ Trotz bürokratischer Verzögerungen erhalten Sie das Geld, das Ihnen zusteht.
⊖ Es ist schwierig, die Hürden zu überwinden, Verlust und Schaden.

7 – Die Schlange

Grundbedeutung
List, Eifersucht, Verwicklung

Hellseherische Bedeutung
⊕ Betrug.
⊖ Heuchelei, Unentschlossenheit, begründete Eifersucht, Vertrauensmissbrauch.
Zeitraum: 1. bis 10. März
Rat: Einer scheinbar freundlichen und gütigen Person mit braunem Haar sollten Sie nicht vertrauen.

Geführte Deutung
Jahreslegung
⊕ Die Schwierigkeiten des Monats sind mit den Gefühlen verbunden. Sie sprechen zwar nicht darüber, aber Sie hegen begründetes Misstrauen und eine böse Vorahnung. Eine gründliche Klärung der Standpunkte innerhalb der Partnerschaft und unter den Kollegen ist notwendig geworden. Es besteht die Gefahr des Vertrauensmissbrauchs.
⊖ Zu Ihrem Misserfolg in Liebesdingen haben Sie selbst beigetragen. Unentschlossenheit und Unbeständigkeit im Hinblick auf Zuneigung. Sie vertrauen den falschen Personen und schenken den Menschen, die Sie lieben zu wenig Aufmerksamkeit. Schmerzlicher Verzicht, erlittenes Unrecht und unangenehme Missverständnisse.

Zigeunerorakel
• *Gefühle*
Position 1: Vergangenheit
⊕ Missverständnisse und Geheimnisse aus der Vergangenheit verwehren Ihnen die nötige Entspanntheit im Hinblick auf Sexualität und Gefühle.
⊖ Eine frühere unglückliche Affäre erfüllt Sie mit Zweifel und Furcht.

Position 2: Gegenwart
⊕ Eine Person aus Ihrem näheren Umfeld ist zwar zurückhaltend, aber dennoch ehrlich.
⊖ Negative Veränderungen gefährden die Harmonie in der Partnerschaft. Sie tun gut daran, einem Freund zu misstrauen.

Position 3: Unerwartete Ereignisse
⊕ Lüge und Betrug liegen in der Luft und begründen Ihre Eifersucht. Hüten Sie sich vor blindem Vertrauen!
⊖ Vertrauensmissbrauch. Unerwartetes Abwenden. Sie entziehen sich der Familie und ihren Zwängen.

Position 4: Ergebnis
⊕ Gesundheitliche Probleme läutern und erneuern die Beziehung.
⊖ Eine unentschlossene und ausweichende Person wird Ihnen großes Unbehagen bereiten. Zurückgewiesene Liebe ohne nachvollziehbaren Grund.

- *Erfolg*

Position 1: Vergangenheit
⊕ Ein Gefallen, der erwidert werden muss und ein noch ungeklärtes Missverständnis haben Sie in eine schwierige Lage gebracht.
⊖ Sie haben eine hervorragende berufliche Gelegenheit nicht ergriffen, weil Sie die falsche Person geliebt haben.

Position 2: Gegenwart
⊕ Schenken Sie einem freundlichen aber unbeständigen Kollegen kein Vertrauen. Er trachtet danach, auf Ihre Kosten gut dazustehen.
⊖ Hinterlistige Kollegen beneiden Sie und reden über Sie hinter Ihrem Rücken.

Position 3: Unerwartete Ereignisse
⊕ Ein Vorgesetzter vertraut Ihnen ein unangenehmes Geheimnis an.
⊖ Überraschende Kündigung oder Herabstufung. Sie werden zu Unrecht bestraft.

Position 4: Ergebnis
⊕ Großer Erfolg und eine Erneuerung auf allen Ebenen nach einer krankheitsbedingten Abwesenheit.
⊖ Ihre Unentschlossenheit richtet sich gegen Sie, wenn Sie keinen Kurswechsel anstreben. Keine befriedigenden Erfolge.

- *Geld*

Position 1: Vergangenheit
⊕ Verschwendung von Geld für eine Person, die Ihrer unwürdig ist.
⊖ Finanzielle Verluste und Ungerechtigkeiten infolge falscher Einschätzung.

Position 2: Gegenwart
⊕ Große Belastungen aufgrund der Rückzahlung eines Darlehens.
⊖ Abgewiesene Vorschläge. Ein Zusammenschluss misslingt aufgrund fehlender Mittel.

Position 3: Unerwartete Ereignisse
⊕ Das Geheimnis um einen Fehlbetrag klärt sich plötzlich auf.
⊖ Verlockende Geldanlagemöglichkeiten bleiben ungenutzt aufgrund von Unentschlossenheit und Trägheit.

Position 4: Ergebnis
⊕ Die Launen einer unzuverlässigen Person bringen Sie zur Verzweiflung.
⊖ Ein windiger Vertrag, ausgebliebener Verdienst.

8 – Der Sarg

Grundbedeutung
Ende, Krankheit, Verlust

Hellseherische Bedeutung
⊕ Unberechenbarer Gesundheitszustand, Risiken, Auseinandersetzungen.
⊖ Enttäuschte Gefühle, finanzieller Verlust.
Zeitraum: 11. bis 20. März
Rat: Lösen Sie sich von den Dingen, die nicht mehr zu Ihrem Leben gehören und schaffen Sie Raum für Neues, das sich bereits ankündigt.

Geführte Deutung
Jahreslegung
⊕ Ihre Bestrebungen kreisen um Arbeit und Finanzen. Um erfolgreich zu sein, müssen Sie viele Risiken auf sich nehmen und sich dabei der Abneigung und der Auseinandersetzung mit Ihren Vorgesetzten stellen. Nehmen Sie die Veränderung an, auch wenn es verwirrend ist.
⊖ Die allmonatlichen Probleme am Arbeitsplatz und die finanzielle Not belasten Ihre Familie und Ihre Beziehung und bringen diese bis an den Rand des Erträglichen. Diplomatie kann einen Zusammenbruch verhindern.

Zigeunerorakel
• *Gefühle*
Position 1: Vergangenheit
⊕ Eine nicht überwundene Trennung, Mangel an Zuwendung.
⊖ Sie haben zu lange auf eine Person gewartet, die nie gekommen ist.

Position 2: Gegenwart
⊕ Auseinandersetzungen und Rückschläge aufgrund persönlicher Ängste belasten Ihre Beziehung.
⊖ Probleme in der Partnerschaft im Hinblick auf Wertvorstellungen. Ihre Beziehung ist kurz davor, auseinanderzubrechen.

Position 3: Unerwartete Ereignisse
⊕ Die psychischen Probleme des Partners oder eines Familienmitglieds lassen Sie von einer bereits getroffenen Entscheidung zurücktreten.
⊖ Kämpferischer Widerstand des vernachlässigten Partners, der auf einer Änderung besteht.

Position 4: Ergebnis
⊕ Eine alte und abgenutzte Liebesaffäre wird beendet und macht den Weg frei für eine neue.
⊖ Stillstand in Liebesdingen.

- *Erfolg*

Position 1: Vergangenheit
⊕ Körperliche oder gesundheitliche Probleme hindern Sie an der Ausübung einer bestimmten Tätigkeit, Sie fühlen sich ausgeschlossen.
⊖ Schon zu lange haben Sie auf eine zugesagte Unterstützung gewartet. Überwinden Sie Ihren Stolz und lösen Sie das Problem selbst.

Position 2: Gegenwart
⊕ Die Voraussetzungen für eine geplante ehrgeizige Unternehmung sind noch nicht gegeben. Machen Sie ein neues Konzept.
⊖ Sie widersetzen sich vergeblich einer Veränderung.

Position 3: Unerwartete Ereignisse
⊕ Bedauerliche Nachrichten, Tadel, Arbeitslosigkeit. Zwangsentlassung oder Unterbrechung der derzeitigen Tätigkeit.
⊖ Sorgen um Übereinkünfte mit der Familie behindern Ihren Fortschritt.

Position 4: Ergebnis
⊕ Ihre empfindliche körperliche Verfassung macht es Ihnen unmöglich, in zwei gleichzeitigen Arbeitsverhältnissen zu stehen. Geben Sie die ältere Beschäftigung auf und konzentrieren Sie sich auf die neue.
⊖ Eine unbeständige Situation wird sich auf unbestimmte Weise verändern.

- *Geld*

Position 1: Vergangenheit
⊕ Persönliche oder familiäre gesundheitliche Probleme haben einen Großteil Ihrer Ersparnisse aufgebraucht.
⊖ Nach einigen Niederlagen in Liebesdingen haben Sie bei einem Trinkgelage Ihr gesamtes Geld vergeudet.

Position 2: Gegenwart
⊕ Anspannung am Arbeitsplatz und finanzielle Sorgen bringen Ihr psychisches Gleichgewicht ins Wanken.
⊖ Aufgrund Ihrer schlechten finanziellen Situation müssen Sie Ihre Ersparnisse anbrechen.

Position 3: Unerwartete Ereignisse
⊕ Ein beträchtlicher Gewinn sorgt für Glück und Gesundheit in der Familie.
⊖ Die Nachricht von Aktieneinbrüchen stürzt Sie in die Verzweiflung.

Position 4: Ergebnis
⊕ Eine großartige geschäftliche Gelegenheit sollte sorgfältig erwogen werden. Ein risikoreicher Kostenaufwand und Geldanlagen sollten vermieden werden.
⊖ Veränderungen bei der Verwaltung von Geldanlagen. Holen Sie sich Hilfe von einem Fachmann.

9 – Der Strauß

Grundbedeutung
Geschenk, Zufriedenheit, Kreativität

Hellseherische Bedeutung
⊕ Geschenk, Friede, Aufschwung, Heilung.
⊖ Unbeständigkeit, Rivalität, selbst verschuldetes Unrecht.
Zeitraum: 21. bis 31. März
Rat: Denken Sie stets positiv, bekämpfen Sie Unsicherheiten und Ängste. Bald geht es aufwärts.

Geführte Deutung
Jahreslegung
⊕ Finanzielle Neuordnung und Steigerung des körperlichen Wohlbefindens. Ein großzügiger und kompetenter Fachmann bereitet Ihren Sorgen ein Ende. Eine lang ersehnte Lösung steht ins Haus.
⊖ Es ist ein schwieriger Monat, besonders im Hinblick auf die wirtschaftliche Sicherheit. Rivalitäten, Rückschläge und unerfreuliche Nachrichten. Schulden zwingen zur Sparsamkeit.

Zigeunerorakel
• *Gefühle*
Position 1: Vergangenheit
⊕ Nach einer schweren Zeit erholt sich Ihre Gesundheit und die Lebensfreude erwacht von Neuem.
⊖ In der Liebe waren Sie unsensibel und eigensinnig, aber für jede durch Sie verursachte Verletzung wurden Sie doppelt bestraft.

Position 2: Gegenwart
⊕ Sie überwinden endgültig eine Enttäuschung.
⊖ Sie stehen unter dem Einfluss einer unzuverlässigen Person, die Sie nicht mag. Aber Sie wollen davon nichts wissen.

Position 3: Unerwartete Ereignisse
⊕ Tröstende Geschenke, glückliche Gelegenheiten, Ausflüge und Feste. Zusammentreffen mit interessanten Menschen bei einem überwältigenden Ereignis.
⊖ Ein Rivale kämpft um Ihren Partner. Unerfreuliche Gerüchte.

Position 4: Ergebnis
- ⊕ Sie trauern einer vergangenen Beziehung nach oder eine neue traumhafte Liebe steht unmittelbar bevor.
- ⊖ Streit und Betrug liefert Sie dem Spott der Öffentlichkeit aus. Sparen Sie Zeit, Kraft und Gefühle für einen geeigneteren Partner auf.

- *Erfolg*

Position 1: Vergangenheit
- ⊕ Eine tiefe Krise haben Sie von der Arbeit und vom Studium abgehalten. Bevor Sie von Neuem beginnen, wenden Sie sich am besten an einen Arzt oder Rechtsberater.
- ⊖ Ein Rivale macht Sie fertig, durch Neid und Taktlosigkeit.

Position 2: Gegenwart
- ⊕ Wenn Sie durch zu große Anstrengung angeschlagen sind, sollten Sie eine entspannende Reise machen.
- ⊖ Sie arbeiten widerwillig in einer gefühlskalten und von Konkurrenzkämpfen beherrschten Umgebung.

Position 3: Unerwartete Ereignisse
- ⊕ Eine zusätzliche Beschäftigung, die Ihnen leicht von der Hand geht, verbessert Ihr Einkommen und ermöglicht Ihnen zusätzliches Vergnügen.
- ⊖ Ein neidischer oder unzufriedener Kollege enthüllt Ihre Geheimnisse – machen Sie es ebenso!

Position 4: Ergebnis
- ⊕ Gute Aussichten für die Zukunft, auch wenn jetzt noch Unsicherheit herrscht.
- ⊖ Um Ihre Ziele zu erreichen, sollten Sie Ihre Aufgaben gut planen und mit Ihrer Energie, Zeit und Ihrem Geld sparsam umgehen.

- *Geld*

Position 1: Vergangenheit
- ⊕ Nach einer finanziellen Niederlage sind Sie nur mühsam wieder auf die Beine gekommen.
- ⊖ Eine bösartige Person hat Sie ausgenutzt und Sie um Ihr Geld gebracht.

Position 2: Gegenwart
- ⊕ Eine günstige finanzielle Gelegenheit, die Sie nutzen sollten. Vertrauen Sie dem Rat eines Experten.
- ⊖ Jemand bietet Ihnen Unterstützung und ein Darlehen an, hat aber andere Absichten.

Position 3: Unerwartete Ereignisse
- ⊕ Ein Geldgeschenk oder ein kleines Darlehen hilft Ihnen aus der Patsche.
- ⊖ Unspektakuläre Neuigkeiten über Ihren Zinsertrag. Achten Sie darauf, Ihre Kreditkarte nicht zu verlieren.

Position 4: Ergebnis
- ⊕ Wenn Sie sich etwas zügeln, werden Ihre Finanzen auf ein annehmbares Niveau kommen. Halten Sie durch!
- ⊖ Mit einem strengen Haushaltsplan werden Sie eine schwierige Zeit gut überstehen.

10 – Die Sense

Grundbedeutung
Gefahr, unerwartete Entwicklung

Hellseherische Bedeutung
⊕ Einschnitt, Trennung.
⊖ Etwas geht plötzlich zu Ende.
Zeitpunkt: 1. bis 10. April
Rat: Nehmen Sie einschneidende Veränderungen an, anstatt sie zu verdrängen. Ein neuer Lebensabschnitt steht bevor.

Geführte Deutung
Jahreslegung
⊕ Es ist ein schwieriger Monat, voller emotionaler Enttäuschungen. Klärung oder ein Geständnis befreien Sie von dem Trugbild, einer idealisierten Person. Mögliche Trennung, notwendiger Umzug, Verlust von Vertrauen und Sicherheit.
⊖ Eine gefühlsbetonte Beziehung geht plötzlich zu Ende und hinterlässt Enttäuschung und Bitternis. Es könnte sich um eine wichtige Liebesbeziehung oder um eine tiefe Freundschaft handeln, für die Sie viele Hürden überwunden und bei der Sie durch Ihre Leidenschaft viel riskiert haben. Wenn Sie große Fehler gemacht haben, ist jetzt die Zeit gekommen, um dafür zu bezahlen. Die Strafe ist gerecht.

Zigeunerorakel
• *Gefühle*
Position 1: Vergangenheit
⊕ Sie haben viel durchgemacht und erholen sich nur schwer. Verlust des Selbstvertrauens, Misstrauen, innere Leere.
⊖ Sie bezahlen noch immer für einen Fehler, den Sie gegenüber einem geliebten Menschen gemacht haben.

Position 2: Gegenwart
⊕ Aufgrund unterschiedlicher Wünsche und Interessen leben Sie und Ihr Partner sich auseinander.
⊖ In Ihrer Nähe befindet sich eine gefährliche Person, von der Sie sich so schnell wie möglich entfernen sollten!

Position 3: Unerwartete Ereignisse
⊕ Ein unerwartetes Geständnis Ihres Partners zerstört Ihr ganzes Vertrauen.
⊖ Eine Beziehung kommt plötzlich zu einem Ende, auf das Sie nicht vorbereitet sind.

Position 4: Ergebnis
⊕ Trotz Ihrer Bemühungen, die Beziehung zu erhalten, scheint das Schicksal Sie trennen zu wollen. Leisten Sie keinen Widerstand.
⊖ Die von Ihnen geplante Eroberung entpuppt sich als verhängnisvoll.

• Erfolg
Position 1: Vergangenheit
⊕ Ihre Bestrebungen haben eine Versetzung mit sich gebracht, die sich nicht gelohnt hat.
⊖ Eine unvorhersehbare Vertragsaussetzung hat Ihre Pläne scheitern lassen.

Position 2: Gegenwart
⊕ Sie erleben eine berufliche Enttäuschung und verlieren Ihre Motivation und Ihr Selbstvertrauen.
⊖ Wenn Sie sich Ihre Ziele zu hoch gesteckt haben, werden Sie eine schmerzhafte Niederlage erleben.

Position 3: Unerwartete Ereignisse
⊕ Die Versetzung eines Kollegen, von dem Sie abhängig sind, lässt Sie in eine Depression fallen.
⊖ Erhebliche Nachlässigkeit könnte Sie Ihren Arbeitsplatz kosten.

Position 4: Ergebnis
⊕ Bestrebungen, die Ihre Fähigkeiten übersteigen, werden Ihnen eine Niederlage bescheren.
⊖ Verhängnisvolle Pläne. Seien Sie auf der Hut vor einem unehrlichen Geschäftspartner.

• Geld
Position 1: Vergangenheit
⊕ Verluste aufgrund eines Kredits mit schlechter Rendite. Ein Diebstahl, eine Falle.
⊖ Es ist nach vielen Jahren an der Zeit, für zwielichtige Transaktionen aufzukommen. Bußgelder und Steuern müssen bezahlt werden.

Position 2: Gegenwart
⊕ Eine Reise oder ein Umzug werden teurer als ursprünglich erwartet.
⊖ Investitionsangebote, die zu vorteilhaft sind, um seriös zu sein.

Position 3: Unerwartete Ereignisse
⊕ Das Geständnis eines Familienmitglieds erklärt einen fehlenden Geldbetrag auf Ihrem Konto.
⊖ Schwerwiegendes falsches Urteil, unerwartete Aktienverluste.

Position 4: Ergebnis
⊕ Verhandlungen nach Übersee sind zum Scheitern verurteilt.
⊖ Nutzloser Rat von einem unehrlichen Mann. Hohes Risiko für einen unbedeutenden Kredit. Gefahr beim Glücksspiel.

11 – Die Rute

Grundbedeutung
Streit, Disharmonie

Hellseherische Bedeutung
⊕ Mangelndes Verständnis, vergebliche Auseinandersetzungen.
⊖ Verleumdung, ungeklärte rechtliche Angelegenheiten.
Zeitraum: 11. bis 20. April
Rat: Lassen Sie alle Gerüchte außer Acht und bleiben Sie auf Ihrem Weg. Lassen Sie sich im Hinblick auf Ihre Wertvorstellungen und Ihre Pläne von niemandem beeinflussen.

Geführte Deutung
Jahreslegung
⊕ Ein Monat voller kleinerer Enttäuschungen, Auseinandersetzungen und Forderungen am Arbeitsplatz. Einem jungen und scheinbar zuvorkommenden Kollegen sollten Sie besser nicht vertrauen: Er oder sie wird versuchen, Sie in den Schatten zu stellen und Ihnen viele Probleme bereiten.
⊖ Eine ungeklärte rechtliche Angelegenheit behindert Ihre berufliche Karriere und Ihre Geschäfte. Während des gesamten Monats trägt Ihre Arbeit trotz erheblicher Anstrengung keine Früchte. Gefährliche Unentschlossenheit. Betrug und Gerüchte am Arbeitsplatz.

Zigeunerorakel
• *Gefühle*
Position 1: Vergangenheit
⊕ Die Missverständnisse, die durch eine vergebliche Auseinandersetzung ausgelöst wurden, verstärken sich.
⊖ Ihr bezaubernder, aber ruheloser und unzuverlässiger Partner sorgte für kleinere Ärgernisse. Unentschlossenheit zog Missmut nach sich.

Position 2: Gegenwart
⊕ Es entsteht eine Beziehung zu einer Person, die Sie nicht verdient hat. Besinnen Sie sich!
⊖ Bestimmte Sachzwänge oder rechtliche Ursachen verzögern eine Heirat oder ein Zusammenleben. Furcht vor Verpflichtungen und Bindungen.

Position 3: Unerwartete Ereignisse
⊕ Die Launen Ihres Partners gehen Ihnen auf die Nerven. Auseinandersetzungen wegen übermäßiger Ausgaben.
⊖ Leidenschaftliche, aber kränkliche und verdorbene Person stört Ihren Frieden und richtet Verwüstung an.

Position 4: Ergebnis
⊕ Kleine Missverständnisse und Auseinandersetzungen, die für Ihre Ausgeglichenheit jedoch keine Gefahr darstellen.
⊖ Ein Rivale erschüttert Ihre Beziehung und stürzt Sie in Depression und Teilnahmslosigkeit.

• **Erfolg**
Position 1: Vergangenheit
⊕ Auseinandersetzungen mit einer Führungskraft beenden eine geschäftliche Beziehung.
⊖ Versagen aufgrund von ungestümem Verhalten oder verursacht durch Teilnahmslosigkeit und Schwäche.

Position 2: Gegenwart
⊕ Bedrückende Atmosphäre am Arbeitsplatz, Strenge ist nicht angebracht.
⊖ Ein unredlicher Mitbewerber hat es darauf abgesehen, Ihren Platz einzunehmen.

Position 3: Unerwartete Ereignisse
⊕ Eine anfänglich absurde Forderung entpuppt sich als vernünftiger Ausgangspunkt.
⊖ Unerklärliche Umstände blockieren plötzlich Ihr berufliches Fortkommen.

Position 4: Ergebnis
⊕ Ein junger, unerfahrener Kollege wird Ihnen Probleme bereiten.
⊖ Unangenehme Gerüchte über Ihre Person verhindern das Erlangen eines wichtigen beruflichen Ziels.

• **Geld**
Position 1: Vergangenheit
⊕ Wirtschaftliche Verluste, verursacht durch eine Person, die Ihre Gutmütigkeit ausgenutzt hat.
⊖ Eine schon seit längerer Zeit ungeklärte juristische Angelegenheit hemmt Ihren finanziellen Unternehmungsgeist, der anderenfalls zu Ihrem Vorteil sein könnte.

Position 2: Gegenwart
⊕ Spannungen in der Familie aufgrund von Verschwendung.
⊖ Eine gute geschäftliche Gelegenheit zerrinnt zwischen Ihren Fingern, weil sie mit zu viel oder zu wenig Entschlusskraft angegangen wird.

Position 3: Unerwartete Ereignisse
⊕ Unerwartete Begegnung mit einer Person, hinter deren Lächeln sich gnadenlose Rivalität verbirgt.
⊖ Unerwarteter Konflikt wegen einer kleineren Erbschaft.

Position 4: Ergebnis
⊕ Unangebrachte Kritik im Hinblick auf die Verwaltung der Ausgaben. Mit etwas Mut wird alles gut gehen.
⊖ Ein gut vorbereitetes geschäftliches Projekt geht nicht voran. Machen Sie sich auf ernsthafte Konkurrenz gefasst.

12 – Die Vögel

Grundbedeutung
Unruhe, aufregende Zeiten

Hellseherische Bedeutung
⊕ Eine genaue Untersuchung eröffnet neue Perspektiven.
⊖ Unbeständiges Glück oder Unglück, schwierige Lösungen.
Zeitraum: 21. bis 30. April
Rat: Ein Arbeitsangebot sollte gründlich überprüft und erwogen werden, bevor Sie Ihre Zusage geben.

Geführte Deutung
Jahreslegung
⊕ Das Schlüsselereignis des Monats ist eine mögliche Veränderung im Arbeitsleben. Ein Vorstellungsgespräch, ein Angebot, eine Verabredung stehen bevor und könnten einen Umzug oder eine Entfernung von zu Hause mit sich bringen. Viele Veränderungen im Bereich Arbeit und Kollaboration. Man beurteilt Sie mit Anerkennung und Respekt.
⊖ Berufliche Enttäuschungen und Auseinandersetzungen verhindern eine Geschäftsreise, eine Tagung oder eine Studienreise. Trotz der Aufregung lässt sich eine wichtige Entscheidung nicht aufschieben. Drastische Veränderungen in Umfeld und Zielsetzung.

Zigeunerorakel
• *Gefühle*
Position 1: Vergangenheit
⊕ Eine gut überlegte Entscheidung führte zu einer unvermeidlichen Trennung. Umzug, Entfernung von der Heimatstadt.
⊖ Der vom Partner gewünschte Arbeits- oder Wohnortwechsel ist keine Lösung für die bestehende Beziehungskrise, sondern macht sie nur noch schlimmer.

Position 2: Gegenwart
⊕ Der Umgebungswechsel steigert die Harmonie von Paar und Familie. Geburt oder Ankunft einer Person.
⊖ Schädliche Zweifel an der Beziehung, eine schwierige Entscheidung kann nicht länger hinausgezögert werden.

Position 3: Unerwartete Ereignisse
⊕ Eine Person, die Ihnen sehr gefehlt hat, tritt erneut und unerwartet in Ihr Leben.
⊖ Ein listiger Freund bietet Ihnen bei Ihrem Liebeskummer zu Ihrer Überraschung seinen Beistand an.

Position 4: Ergebnis
⊕ Glückliche und beständige Zukunft für Ihre Beziehung.
⊖ Anstrengendes Paarleben, plötzliche Veränderungen, Unbeständigkeit, gegenseitige Vorwürfe.

- **Erfolg**

Position 1: Vergangenheit
⊕ Umzug oder Arbeitsplatzwechsel nach sorgsamer Erwägung.
⊖ Anspannung, Verwaltungsprobleme aufgrund von Personalwechsel.

Position 2: Gegenwart
⊕ Eine genaue Untersuchung Ihrer Situation eröffnet Ihnen neue berufliche Möglichkeiten.
⊖ Es ist zwecklos, sich unvermeidbaren Veränderungen in Ihrem Umfeld zu widersetzen. Auseinandersetzung mit einem Geschäftspartner.

Position 3: Unerwartete Ereignisse
⊕ Gute Neuigkeiten, vorteilhafte Vertragsabschlüsse und Angebote stehen vor der Tür.
⊖ Verdruss und Rückschläge auf einer Geschäftsreise.

Position 4: Ergebnis
⊕ Sie werden an die Spitze Ihrer Karriere kommen und Anerkennung in einem fremden Land erlangen. Denken Sie darüber nach!
⊖ Die Situation verschlimmert sich.

- **Geld**

Position 1: Vergangenheit
⊕ Eine Geldanlage verschafft Ihnen ein ausgezeichnetes Einkommen.
⊖ Eine versäumte Gelegenheit durch Zögerlichkeit.

Position 2: Gegenwart
⊕ Umsichtige Verwaltung von Kapital. Sichere Ersparnisse. Günstige Gelegenheit zum Eigentumserwerb im Ausland.
⊖ Ermüdende Höhen und Tiefen.

Position 3: Unerwartete Ereignisse
⊕ Wirtschaftliches Wachstum. Gute Risikoeinschätzung. Zusätzlicher Gewinn. Geschenke.
⊖ Sie erhalten eine kleinere Summe als erwartet. Schlechte Nachrichten zur Wirtschaft.

Position 4: Ergebnis
⊕ Ihr Geld ist in guten Händen, Sie können sich entspannen.
⊖ Keine eindeutig gute oder schlechte Entwicklungstendenz. Die Unbeständigkeit, die Sie belastet, wird noch fortdauern.

13 – Das Kind

Grundbedeutung
Neuanfang, Neugier, Leichtigkeit

Hellseherische Bedeutung
⊕ Spaß mit Freunden, Eroberung, glückliche, aber kurzlebige Beziehung.
⊖ Enttäuschung der Gefühle, Vertrauensverlust.
Zeitraum: 1. bis 10. Mai
Rat: Genießen Sie Ihre Eroberung, aber nehmen Sie sie nicht zu ernst. Das Schicksal hat etwas anderes mit Ihnen vor.

Geführte Deutung
Jahreslegung
⊕ Faszinierende Begegnungen, Spielereien und Eroberungen ohne definitives Ziel bestimmen diesen Monat. Liebesaffären sind leicht zu beginnen, jedoch nicht von großer Dauer.
⊖ Ein schwieriger Monat in Sachen Herzensangelegenheiten, voller Enttäuschungen, Trennungen und wohl begründetem Misstrauen. Der Anlass für Ihre Sorge ist eine falsche Person, die ihre Absichten hinter einem netten und unschuldigen Gesicht verbirgt.

Zigeunerorakel
• *Gefühle*
Position 1: Vergangenheit
⊕ Die derzeitige Einsamkeit beruht auf einem gedankenlosen und leichtsinnigen Lebensstil. Sie waren nicht in der Lage, wertvolle Beziehungen aufzubauen.
⊖ Nach einer Enttäuschung trauen Sie niemandem mehr, insbesondere gegenüber jungen und naiven Menschen sind Sie sehr misstrauisch geworden.

Position 2: Gegenwart
⊕ Verstrickende Liebesbeziehungen und Freundschaften, aber ohne Zukunft.
⊖ Begründetes Misstrauen gegenüber einem unzuverlässigen und anspruchsvollen Partner.

Position 3: Unerwartete Ereignisse
⊕ Unüberlegtes Handeln aufgrund von kindischen und wankelmütigen Vorstellungen und verrückten Aktivitäten.
⊖ Eine seltsame, unbeständige und geheimnisvolle Person macht Ihnen den Hof.

Position 4: Ergebnis
- ⊕ Eine Freundschaft verwandelt sich in Liebe, braucht aber noch Zeit, um sich zu entwickeln. Geburt eines Mädchens.
- ⊖ Die Person, auf die Sie sich in allem verlassen haben, wird Sie enttäuschen. Seien Sie darauf gefasst!

- *Erfolg*

Position 1: Vergangenheit
- ⊕ Sie haben eine schöne Zeit mit Ihren Freunden verbracht und dabei Ihre Pflichten vernachlässigt. Jetzt bedauern Sie die verlorene Zeit.
- ⊖ Eine scheinheilige und unbedeutende Person hat Sie abgelenkt. Unfairer Wettbewerb.

Position 2: Gegenwart
- ⊕ Sie sind glücklich über Ihre interessante und erfreuliche Arbeit.
- ⊖ Kommunikationsprobleme mit unzuverlässigen und anspruchsvollen Teamkollegen.

Position 3: Unerwartete Ereignisse
- ⊕ Ein Mädchen, das Sie erst kürzlich kennengelernt haben, tut Ihnen einen großen Gefallen.
- ⊖ Überraschender Bruch mit einem unprofessionellen Geschäftspartner.

Position 4: Ergebnis
- ⊕ Überwältigender Erfolg, der jedoch nicht lange währt. Sie werden sich damit abfinden müssen.

- ⊖ Begründetes Misstrauen: Ein herzlicher Kollege ist dabei, Sie abzudrängen.

- *Geld*

Position 1: Vergangenheit
- ⊕ Kostspieliger Spaß und Ausflüge mit Ihren Freunden haben Ihrem Bankkonto zugesetzt.
- ⊖ Ein Darlehen an die falsche Person hat Ihren Ersparnissen geschadet.

Position 2: Gegenwart
- ⊕ Sie haben zwar nicht viel Geld, aber bei Ihren engen Freunden sollten Sie nicht sparen.
- ⊖ Unüberlegte Aufwendungen, überzogenes Konto aufgrund der Ausgaben für die Marotten einer Person, die Sie in ihren Bann gezogen hat.

Position 3: Unerwartete Ereignisse
- ⊕ Kleiner Gewinn im Spielkasino während einer Reise. Dennoch sollten Sie es nicht noch einmal versuchen, da Ihr Glück unbeständig ist.
- ⊖ Eine scheinbar vertrauenswürdige Person möchte Sie in einen verhängnisvollen geschäftlichen Handel hineinziehen.

Position 4: Ergebnis
- ⊕ Die wirtschaftliche Situation ist unsicher, aufgrund Ihres derzeitigen Glücks machen Sie sich deswegen keine Sorgen.
- ⊖ Risikoreicher Kontakt mit einer betrügerischen Person. Seien Sie vorsichtig, um nicht in eine Falle zu geraten.

14 – Der Fuchs

Grundbedeutung
Betrug, vorsichtig sein

Hellseherische Bedeutung
⊕ Listige Wachsamkeit, gerissenes Vorgehen, verborgene Absichten.
⊖ Unbesonnenheit, enthüllte Geheimnisse, angriffsbereite Feinde.

Zeitraum: 11. bis 20. Mai

Rat: Seien Sie vorsichtig im Hinblick auf die Pläne der anderen: Jemand fällt Ihnen in den Rücken!

Geführte Deutung
Jahreslegung
⊕ Ein vorteilhafter Monat zur Umsetzung finanzieller Angelegenheiten: fabelhafte Verträge, ungeahnte Einkünfte, zurückgezahlte Kredite, vereitelte Bußgeldzahlungen. Es ist der richtige Zeitpunkt für Geschäfte mit Haus und Besitz und für Modernisierungen. Die Lösung eines Problems gelingt meisterhaft auch ohne fremde Hilfe.
⊖ Hinsichtlich Geld und Geschäfte ein alles andere als glücklicher Monat. Sie müssen große Verluste erleiden. Mögliche Degradierung am Arbeitsplatz auf Betreiben eines unredlichen Rivalen, der hinter Ihrem Rücken etwas ausheckt.

Zigeunerorakel
• *Gefühle*

Position 1: Vergangenheit
⊕ Ein ereignisreiches Leben voller Begegnungen und Freude, jedoch ohne bedeutsame Liebesaffären. Sie betrachten alles wie ein Spiel.
⊖ Ein waghalsiges Leben ohne Richtwerte. Sie haben mit den Gefühlen eines Menschen gespielt.

Position 2: Gegenwart
⊕ Eine Person in Ihrem Umfeld führt etwas im Schilde. Seien Sie freundlich zu ihm/ihr, aber nehmen Sie sich in Acht.
⊖ Missverstandene oder verkannte Gefühle.

Position 3: Unerwartete Ereignisse
⊕ Ein Geschenk ohne besonderen Anlass enthüllt die Gefühle einer Person, die sich Ihnen schon seit einiger Zeit anzunähern versucht.
⊖ Eine treulose Person versucht, Ihnen den Partner wegzunehmen.

Position 4: Ergebnis
- ⊕ Seien Sie optimistisch im Hinblick auf Ihr zukünftiges Gefühlsleben. Es steht eine Begegnung mit einem besonderen Menschen an.
- ⊖ Eine verworrene Geschichte ohne Zukunft.

• Erfolg
Position 1: Vergangenheit
- ⊕ Sie haben ohne jegliche Unterstützung eine beneidenswerte Position erlangt, einzig durch Ihre Kühnheit und Ihr Flair.
- ⊖ Unbesonnenheit und offensichtliche Lügen führen zu einem Vertrag.

Position 2: Gegenwart
- ⊕ Mit Intelligenz, Optimismus und Unternehmungsgeist gelingt die Lösung einer komplizierten Situation. Seien Sie auf der Hut vor neidischen Menschen.
- ⊖ Ein hinterlistiger Konkurrent versucht, Sie durch das Enthüllen eines Geheimnisses zu verletzen.

Position 3: Unerwartete Ereignisse
- ⊕ Die Person, die Sie zu betrügen versuchte, wird selbst betrogen.
- ⊖ Unerwartete, aber gerechte Herabstufung.

Position 4: Ergebnis
- ⊕ Ungeachtet eines listigen Plans werden Sie einen vorteilhaften Vertrag abschließen.
- ⊖ Oberflächlichkeit, Unbeständigkeit und mangelnde Pünktlichkeit setzen Ihre Karriere aufs Spiel.

• Geld
Position 1: Vergangenheit
- ⊕ Mit einer kleinen Geldsumme und etwas Geschick beim Abschließen von Geschäften ist das Glück auf Ihrer Seite.
- ⊖ Eine Wende des Schicksals hat Heiratspläne durchkreuzt.

Position 2: Gegenwart
- ⊕ Es fehlt nicht an günstigen Gelegenheiten, Immobiliengeschäfte abzuschließen – gehen Sie es sanft an!
- ⊖ Ungeschicktes Management, Sorglosigkeit, unbedachte Ausgaben, ausstehende Rechnungen und Bußgelder.

Position 3: Unerwartete Ereignisse
- ⊕ Eine Überraschung. Ein Sieg. Ein zurückgezahlter Kredit. Ein wertvolles Geschenk.
- ⊖ Ein undurchsichtiges und törichtes geschäftliches Angebot.

Position 4: Ergebnis
- ⊕ Ein heimtückischer und versteckter Plan wird enthüllt. Lügen haben kurze Beine!
- ⊖ Ein folgenschwerer Rückschlag beim Spiel!

15 – Der Bär

Grundbedeutung
Macht, nicht zu viel preisgeben

Hellseherische Bedeutung
⊕ Zusammenprall der Charaktere, es besteht der Bedarf nach Vermittlung.
⊖ Heftige Worte und Handlungen, Streit und Auseinandersetzungen.
Zeitraum: 21. bis 31. Mai
Rat: Wenn der Konflikt unerträglich wird, sollten Sie einen Vermittler einschalten oder ihm aus dem Weg gehen.

Geführte Deutung
Jahreslegung
⊕ Im Brennpunkt liegt das Herz. Es ist hin und her gerissen zwischen dem Leben als Paar, dem Konflikt von Charakteren und den Streitereien um Prinzipien und Aufgabenverteilung. Anspannung am Arbeitsplatz, die durch eine Zwangsversetzung verstärkt wird. Alleine mit sich finden Sie Frieden.
⊖ Vorschnelle Ansichten und Worte lösen aufreibende Streitigkeiten aus. Liebesbeziehungen und Freundschaften drohen zu zerbrechen, was sich auf die körperliche und finanzielle Verfassung negativ auswirkt. Sie neigen dazu, sich zu verschließen und nachtragend zu sein.

Zigeunerorakel
• *Gefühle*
Position 1: Vergangenheit
⊕ Eine Liebesaffäre geht zu Ende aufgrund von erheblichen charakterlichen Unterschieden. Hemmungen, Gefühle zu zeigen.
⊖ Leichte Erregbarkeit und Sarkasmus haben Ihr soziales Umfeld zerstört. Bruch mit Freunden und Verwandten.

Position 2: Gegenwart
⊕ Liebe übt keinerlei Anziehung auf Sie aus. Sie suchen Frieden und Abgeschiedenheit.
⊖ Auseinandersetzung mit dem Partner über Kapitalanlagen aufgrund erheblich unterschiedlicher Wertvorstellungen.

Position 3: Unerwartete Ereignisse
⊕ Eine vorschnelle Stellungnahme bringt das ohnehin schon strapazierte Paar in Schwierigkeiten.
⊖ Bei einem heftigen Streit mit dem Partner fliegen die Fetzen.

Position 4: Ergebnis
⊕ Verbindlichkeit und Motivation sind wichtig, um eine Beziehung am Leben zu erhalten. Trennung aufgrund von Ermüdung und Langeweile.
⊖ Eine undenkbare Beziehung ist zum Scheitern verurteilt.

• Erfolg
Position 1: Vergangenheit
⊕ Ihre Unfähigkeit, Kompromisse einzugehen, hat Sie zu unliebsamen Veränderungen gezwungen.
⊖ Ein unpassender Beruf aufgrund unüberlegter Wahl offenbart Ihre Unzufriedenheit.

Position 2: Gegenwart
⊕ Schlechte Zusammenarbeit mit einem perfektionistischen und griesgrämigen Kollegen.
⊖ Offene Auseinandersetzung mit einem Kollegen über grundlegende Angelegenheiten.

Position 3: Unerwartete Ereignisse
⊕ Versetzung oder Umzug wider Willen, ein aufreibender Aufgabenwechsel steht bevor.
⊖ Die Umsetzung Ihrer Pläne wird unerwartet behindert, was Sie in eine Krise stürzt.

Position 4: Ergebnis
⊕ Trotz hohen Risikos sind Sie erfolgreich.
⊖ Voreilige Pläne sind zum Scheitern verurteilt. Sie können niemanden davon überzeugen, weil Sie selbst die größten Zweifel haben.

• Geld
Position 1: Vergangenheit
⊕ Ein Mangel an Klarheit und gesundem Menschenverstand hat Sie den Familienbesitz verschwenden lassen. Verlorenes Erbteil.
⊖ Abfindungen für den von Ihnen verursachten Schaden kosten Sie ein Vermögen.

Position 2: Gegenwart
⊕ Die Ausgaben übersteigen das Einkommen, Rechnungen und Ratenzahlungen für Haus und Einrichtung.
⊖ Sie träumen von der großen Gelegenheit und leichten Verdienstmöglichkeiten, sind jedoch nicht bereit, verantwortungsvoll und verbindlich zu sein.

Position 3: Unerwartete Ereignisse
⊕ Eine Einladung oder ein Geschäftsessen kostet Sie ein Vermögen. Verbindliche Ausgaben, um den Schein zu wahren.
⊖ Unerwartete Ausgaben aufgrund von notwendigen Reparaturen an Haus oder Auto.

Position 4: Ergebnis
⊕ Sparsamkeit ist notwendig. Schwierigkeiten bei der Rückzahlung von Schulden und Hypotheken.
⊖ Gefahren beim Glücksspiel und bei habgierigen Geschäften. Sie riskieren, eine falsche Entscheidung zu treffen.

16 – Die Sterne

Grundbedeutung
Klarheit, großes Glück

Hellseherische Bedeutung
⊕ Gute Geschäfte, ermutigende Ergebnisse, Flirts.
⊖ Resignation, ernste, aber dennoch überwindbare Hindernisse, Verlust.
Zeitraum: 1. bis 10. Juni
Rat: Denken Sie positiv, mit Optimismus geht alles besser.

Geführte Deutung
Jahreslegung
⊕ Das Schlüsselerlebnis des Monats liegt auf der Gefühlsebene. Sie haben die richtige Strategie gefunden und erzielen zunehmend bessere Ergebnisse. Einladungen, Geschenke und schöne Momente, die Sie mit einem geliebten Menschen teilen. Das Glück ist auf Ihrer Seite: Halten Sie inne und genießen Sie es!
⊖ Ihr emotionales Ziel ist schwerer zu erreichen als gedacht und braucht etwas Geduld. Die Person, an der Ihnen gelegen ist, empfindet etwas für Sie, jedoch ist die Zeit nicht reif für eine wichtige Liebesgeschichte. Besinnen Sie sich auf das Wesentliche.

Zigeunerorakel
• *Gefühle*
Position 1: Vergangenheit
⊕ Sie haben einen besonderen Menschen getroffen, der Ihr Herz erobert hat.
⊖ Eine Reihe von Problemen und versäumten Gelegenheiten überschatten eine romantische Liebesgeschichte.

Position 2: Gegenwart
⊕ Die Person, die Sie im Sinn haben, gibt Ihnen ein ermutigendes Signal. Bleiben Sie dran.
⊖ Hindernisse und Rückschläge sind wichtige Hinweise. Denken Sie nach, bevor Sie fortfahren!

Position 3: Unerwartete Ereignisse
⊕ Eine Einladung oder ein Anzeichen von Interesse seitens einer Person, die Sie erst kürzlich kennengelernt haben, überrascht Sie positiv.
⊖ Ein unerwartetes Ereignis entfernt eine Person, an der Sie interessiert sind.

Position 4: Ergebnis
- ⊕ Ihre Geduld wird belohnt, eine Liebesgeschichte beginnt.
- ⊖ Neue Hindernisse und Zweifel, mit denen Sie bereits gerechnet hatten, sollten ruhig und geduldig angegangen werden.

• *Erfolg*

Position 1: Vergangenheit
- ⊕ Sie haben gute Resultate erzielt und möchten das erreichte Niveau beibehalten.
- ⊖ Rückschläge und Verzögerungen haben Sie Zeit verlieren und gute Gelegenheiten versäumen lassen.

Position 2: Gegenwart
- ⊕ Sie sind in einen aufreibenden, aber lohnenden Geschäftshandel involviert.
- ⊖ Haben Sie ein Auge auf Ihr Bankkonto, Sie sind im Begriff, Zeit und Geld zu verlieren und gute Gelegenheiten zu verpassen.

Position 3: Unerwartete Ereignisse
- ⊕ Ein unerwarteter Umgebungswechsel, ein neuer Chef oder neue Aufgaben eröffnen Ihnen neue Perspektiven.
- ⊖ Eine unerwartete Veränderung in der Belegschaft bereitet Ihnen Schwierigkeiten, auf die Sie nicht vorbereitet waren.

Position 4: Ergebnis
- ⊕ Großer Erfolg. Ein plötzlicher Glücksfall bringt Sie hoch hinaus.
- ⊖ Trotz großer Anstrengungen kommen Sie mit der Umsetzung Ihres Plans nicht weiter – eine Niederlage, über die Sie nachdenken sollten.

• *Geld*

Position 1: Vergangenheit
- ⊕ Sie haben ausgezeichnet investiert, das stärkt Ihr Selbstvertrauen.
- ⊖ Aufgrund eines strategischen Fehlers haben Sie einen Teil Ihrer Ersparnisse verloren.

Position 2: Gegenwart
- ⊕ Sie wickeln gerade sehr lukrative Geschäfte ab.
- ⊖ Ein scheinbar verlockendes Geschäft stößt auf Hindernisse.

Position 3: Unerwartete Ereignisse
- ⊕ Eine Gewinn oder eine Erbschaft füllt Ihr Konto auf.
- ⊖ Unkosten, die hingenommen werden müssen.

Position 4: Ergebnis
- ⊕ Die Investition, über die Sie nachdenken, ist zum Erfolg bestimmt.
- ⊖ Große Verluste bei hoffnungslosen Geschäften. Betrug und falsches Spiel.

17 – Der Storch

Grundbedeutung
Veränderung

Hellseherische Bedeutung
⊕ Schwangerschaft, Geburt, Zusammentreffen mit Freunden und Verwandten.
⊖ Ergebnisloses Warten, aufgeschobene Pläne und Entscheidungen.
Zeitraum: 11. bis 20. Juni
Rat: Sie sollten nicht voranstürmen, sondern geduldig auf das warten, was Sie wirklich wollen.

Geführte Deutung
Jahreslegung
⊕ Ein Monat, in dem alles auf emotional erfreuliche Momente ausgerichtet ist: Familienfeste, Treffen mit alten Freunden, eine Reise auf den Spuren alter Erinnerungen. Eine günstige Zeit für Geburten und Einklang mit den Kindern. Neuigkeiten.
⊖ Eine Zeit für empfindsame Angelegenheiten. Eine Liebesgeschichte wird belastet durch äußeren Druck, besonders wenn der Partner bereits gebunden ist oder sich in den Fängen einer autoritären Familie befindet. Eine maßgebliche Entscheidung wird erneut aufgeschoben. Das Vorhaben des Paars wird unterbrochen oder verzögert.

Zigeunerorakel
• *Gefühle*
Position 1: Vergangenheit
⊕ Eine Krise in der Partnerschaft wurde gut überstanden.
⊖ Vergebliches Warten auf eine Entscheidung des geliebten Menschen hat Sie kostbare Zeit verlieren lassen.

Position 2: Gegenwart
⊕ Nach langer Abwesenheit kehren Sie nach Hause zurück. Wiederbegegnung mit der Vergangenheit, Einladungen und gegenseitige Besuche.
⊖ Enttäuschungen in der Liebe aufgrund von aufgeschobener Heirat. Vergeblich erwartete Schwangerschaft. Unfruchtbarkeit.

Position 3: Unerwartete Ereignisse
⊕ Eine erfreuliche Neuigkeit. Eine Verlobung. Eine Geburt. Eine erwünschte Schwangerschaft.

⊖ Schwierigkeiten, verursacht durch eine ungeduldige und verantwortungslose Person, die auf der Suche nach Abenteuern ist.

Position 4: Ergebnis
⊕ Erfüllte Wünsche. Harmonische und beständige Beziehung, vollkommener Einklang mit einer blonden Person.
⊖ Aussichtslose Verbindung mit einer Person, die bereits versprochen ist. Traurigkeit, Einsamkeit.

• *Erfolg*
Position 1: Vergangenheit
⊕ Eine Studienreise oder eine Arbeit in der Jugend hat Sie weit von zu Hause weggeführt.
⊖ Vergebliches Warten auf Unterstützung, ein unterbrochenes Vorhaben oder eine aufgeschobene Verabredung haben Ihren Weg zum Erfolg behindert.

Position 2: Gegenwart
⊕ Dank der Unterstützung einer sehr einflussreichen blonden Frau sind Sie beruflich in Ihrem Element.
⊖ Seien Sie auf der Hut vor einem skrupellosen Rivalen, der Sie in Verruf bringen und sich Ihr Projekt aneignen möchte.

Position 3: Unerwartete Ereignisse
⊕ Eine unerwartete Anstellung oder Rückkehr in den Hauptfirmensitz oder in eine Zweigstelle nahe Ihrem Zuhause.
⊖ Ungerechtfertigte Kritik vermindert Ihren Enthusiasmus.

Position 4: Ergebnis
⊕ Harmonisches Miteinander am Arbeitsplatz.
⊖ Verzögerte Beförderung. Nutzlose Energieverschwendung. Ein bittere Enttäuschung steht Ihnen bevor.

• *Geld*
Position 1: Vergangenheit
⊕ Gutes Einkommen im Ausland oder während eines Arbeitsaufenthaltes im Ausland.
⊖ Im Ausland verlorenes oder vergeudetes Geld.

Position 2: Gegenwart
⊕ Mit Freude ausgegebenes Geld für ein Familienfest und die Dekoration Ihres Hauses.
⊖ Übermäßige und nutzlose Ausgaben für Dekoration und Festessen.

Position 3: Unerwartete Ereignisse
⊕ Geschenk oder längerfristiges Darlehen für ein blondes und zierliches Mädchen.
⊖ Unwiederbringlicher Kredit. Ein Betrug, der von einer jungen und einfachen Frau hinter Ihrem Rücken angezettelt wird.

Position 4: Ergebnis
⊕ Materieller Wohlstand ermöglicht Ihnen die Erfüllung Ihrer Marotten. Ausgaben für eine Reise.
⊖ Schlechte Finanzierung. Verhandlungen werden durch unvorhersehbare Hindernisse blockiert.

18 – Der Hund

Grundbedeutung
Treue, Freundschaft, Schutz

Hellseherische Bedeutung
⊕ Beständige Freundschaften, Unterstützung.
⊖ Einsamkeit, Selbstmitleid, Unentschlossenheit.
Zeitraum: 21. bis 30. Juni
Rat: Sie sind von guten Freunden umgeben, denen Sie blind vertrauen können. Schluss mit dem Selbstmitleid! Erheben Sie sich und nehmen Sie Ihr Leben in die Hand!

Geführte Deutung
Jahreslegung
⊕ Ein Monat, der ganz im Zeichen des Herzens steht. Eine erfreuliche Heimkehr. Feste, Einladungen und Wiederbegegnungen mit alten Freunden. Ein Treffen unter vier Augen mit einer alten Flamme lässt Ihr Herz höher schlagen. Für ein sentimentales Problem gibt es eine einfache Lösung.
⊖ Verletzte Gefühle haben Sie misstrauisch und streitlustig gemacht. Eine Zeit der Einsamkeit steht bevor. Wenn Ihnen der Hof gemacht wird, fürchten Sie sich vor neuen Verstrickungen. Sie gehen in Abwehrhaltung und nehmen beim ersten Hindernis Reißaus. Verschlossenheit und Selbstmitleid sind kontraproduktiv.

Zigeunerorakel
• *Gefühle*
Position 1: Vergangenheit
⊕ Durch tief greifende persönliche Veränderungen hat sich Ihre Haltung zu Liebesdingen gewandelt.
⊖ Die frei gewählte Einsamkeit nach einer verhängnisvollen Erfahrung hat Sie zu einem Zyniker gemacht.

Position 2: Gegenwart
⊕ Wenn Sie die Liebe Ihres Lebens noch nicht gefunden haben, können Sie sich auf zuverlässige Freunde und eine liebevolle Familie stützen.
⊖ Sie sind empört, ruhelos und in Abwehrhaltung. Sie vertrauen niemandem. Selbstmitleid ist gefährlich.

Position 3: Unerwartete Ereignisse
⊕ Eine angenehme Begebenheit mit der Familie beschleunigt eine schon länger geplante Rückkehr.

⊖ Gedankenlosigkeit, emotionale Verwirrung, Gefühl der Unterlegenheit in Bezug auf einen Rivalen.

Position 4: Ergebnis
⊕ Die wahre Liebe ist nicht weit entfernt. Glückliches Familienleben mit Ihrem Partner, gesunde und ausgeglichene Kinder.
⊖ Sie sind ein Opfer Ihrer eigenen Härte und ziehen sich zurück. Sie sind unfähig, Risiken einzugehen.

- *Erfolg*

Position 1: Vergangenheit
⊕ Dank einer lohnenden Arbeit haben Sie eine unangenehme emotionale Angelegenheit gut überstanden.
⊖ Selbstmitleid, Misstrauen und Furcht vor Risiken haben jeglichen Unternehmungsgeist erstickt.

Position 2: Gegenwart
⊕ Ihre gute Anstellung und Ihre Freunde rücken Sie in ein gutes Licht.
⊖ Überwindbare Hindernisse, Konkurrenz am Arbeitsplatz.

Position 3: Unerwartete Ereignisse
⊕ Unerwartete Umsetzung eines Vorhabens, Anerkennung, die Ihre höchsten Erwartungen übertrifft.
⊖ Wechselbad der Gefühle. Hüten Sie sich vor gedankenlosem Handeln.

Position 4: Ergebnis
⊕ Dank eines sehr einflussreichen Freundes der Familie gelangen Sie zu Erfolg, Sicherheit und Wohlstand in Ihrer Heimatstadt.
⊖ Mangelnde Klarheit und Verbindlichkeit verhindern eine Spitzenkarriere. Mäßig befriedigende Beschäftigung.

- *Geld*

Position 1: Vergangenheit
⊕ Mithilfe einiger treuer Freunde werden Sie eine peinliche finanzielle Angelegenheit lösen.
⊖ Aufgrund falscher Entscheidungen haben Sie Geld verschwendet.

Position 2: Gegenwart
⊕ Ihr Gehalt entspricht Ihren Bedürfnissen. Ein zusätzliches Einkommen ermöglicht Ihnen Luxus, Einkaufsbummel und Partys.
⊖ Materielle Hindernisse, kleinere Beschwernisse, die Sie nicht weiter beunruhigen sollten.

Position 3: Unerwartete Ereignisse
⊕ Ein unerwarteter Verdienstüberschuss. Ein Glücksfall. Eine gewonnene Reise. Prämien.
⊖ Ein nur scheinbar vorteilhaftes Angebot. Denken Sie sorgfältig darüber nach, bevor Sie zustimmen.

Position 4: Ergebnis
⊕ Geteiltes Glück, körperlicher und finanzieller Wohlstand, eine friedvolle und über lange Zeit verbundene Familie.
⊖ Gute geschäftliche Erfolge. Hindernisse werden überwunden.

19 – Der Turm

Grundbedeutung
Einsamkeit, Trennung

Hellseherische Bedeutung
⊕ Klarheit, Objektivität, Analyse.
⊖ Abgelehnte Wahrheit, gefährliche Erfahrungen.
Zeitraum: 1. bis 10. Juli
Rat: Auch wenn die Wahrheit schmerzhaft ist, sollten Sie sich nicht vor ihr verschließen. Um eine Angelegenheit zu klären, brauchen Sie Informationen.

Geführte Deutung
Jahreslegung
⊕ Der Monat wird von finanziellen Sorgen bestimmt. Ihr Konto schrumpft. Sie brauchen guten Rat, um den Schaden zu begrenzen und das Schlimmste zu verhindern. Betrug liegt in der Luft, die Aktien drohen zu sinken.
⊖ Ängste vor Geldnot, um die Beziehung zu Ihren Angehörigen und vor Gefahren von außen. Sie fühlen sich kraftlos, verlassen und schmieden Rachepläne.

Zigeunerorakel
• *Gefühle*
Position 1: Vergangenheit
⊕ Die unbarmherzige Bilanz einer Liebesgeschichte hat Sie dazu gebracht, sich hochmütig zurückzuziehen.
⊖ Eine schmerzliche Erfahrung hat Sie hart gemacht. Missstimmung und Rachsucht.

Position 2: Gegenwart
⊕ Sie fühlen sich einsam, fürchten sich jedoch vor Kompromissen, die eine Beziehung mit sich bringen würde.
⊖ Traurigkeit, Apathie, die Ahnung von Gefahr. Sie fühlen sich einsam und fürchten, fallengelassen zu werden.

Position 3: Unerwartete Ereignisse
⊕ Um emotionale Unannehmlichkeiten zu vermeiden, sollen Sie Rat suchen.
⊖ Eine Reise mit Ihren Angehörigen wird im letzten Moment aufgeschoben.

Position 4: Ergebnis
⊕ Wenn Sie nichts unternehmen, werden Sie einsam bleiben. Seien Sie vernünftig und lernen Sie, mit Ihrer Situation umzugehen.

⊖ Sorgen, Einsamkeit oder Enttäuschung stehen Ihnen bevor.

• Erfolg
Position 1: Vergangenheit
⊕ Die Klarheit und Selbstkontrolle, mit der Sie dem Leben begegnen, sind Ihnen bei Studium und Beruf zugute gekommen.
⊖ Hinter Ihrem Rücken hat sich ein Betrug angebahnt. Sie sind verunsichert und haben anderen den Respekt entzogen.

Position 2: Gegenwart
⊕ Ein größeres Problem am Arbeitsplatz schmälert Ihr Vertrauen.
⊖ Die von Ihnen ausgeübte Tätigkeit passt nicht zu Ihnen, Sie sind traurig und ohne Motivation. Keine Hoffnung auf Veränderung.

Position 3: Unerwartete Ereignisse
⊕ Missstände und ungünstige Umstände bedrohen Ihre Unternehmung.
⊖ Ein interessantes Arbeitsangebot entpuppt sich als trügerisch und riskant. Seien Sie auf der Hut vor Fehltritten und Rache!

Position 4: Ergebnis
⊕ Die emotionale Gleichgültigkeit, mit der Sie den Problemen am Arbeitsplatz begegnen, hilft Ihnen, diese zu bezwingen.
⊖ Keine Aussicht auf Besserung. Die Wandlung, von der Sie träumen, wird sich nicht einstellen.

• Geld
Position 1: Vergangenheit
⊕ Mittels Analyse kennen Sie die Trends des Finanzmarktes, denen Sie ohne falsche Entscheidungen folgen können.
⊖ Sie wurden von einer hochgeschätzten Person getäuscht, weigern sich jedoch, das zuzugeben.

Position 2: Gegenwart
⊕ Weil Sie keine anderen Möglichkeiten haben, folgen Sie den Tendenzen des Geldmarktes. Seien Sie auf der Hut vor Missbrauch.
⊖ Begründete Sorge um die körperliche und finanzielle Verfassung eines Familienmitglieds. Traurigkeit, keine Möglichkeit, einzuschreiten.

Position 3: Unerwartete Ereignisse
⊕ Höhen und Tiefen bei den Aktien erfordern Flexibilität und Anpassungsbereitschaft.
⊖ Sorgen, Angst und Gefühlsschwankungen haben Sie davon abgehalten, ein gutes Angebot anzunehmen.

Position 4: Ergebnis
⊕ Wenn Sie dem guten Rat eines Fachmanns folgen, werden Sie einen Misserfolg abwenden.
⊖ Der geschäftliche Handel, der Ihnen unterbreitet wurde, wird sich als unseriös herausstellen. Sie werden sich einsam und ausgenutzt fühlen.

20 – Der Park

Grundbedeutung
Öffentlichkeit, Zusammenkünfte

Hellseherische Bedeutung
⊕ Neubeginn im Berufsleben, Erfindungsreichtum, romantisches Rendezvous.
⊖ Überschattetes oder verzögertes Glück. Wichtige Geheimnisse, die Sie für sich behalten sollten.

Zeitraum: 11. bis 20. Juli

Rat: Gehen Sie alles mit mehr Mut und Enthusiasmus an und Sie werden ausgezeichnete Erfolge haben.

Geführte Deutung
Jahreslegung
⊕ Ihre ganze Kraft fließt in die Arbeit; Sie haben viele brillante Ideen, die darauf warten, umgesetzt zu werden. Einige Tage des Monats stehen im Zeichen der Entspannung; eine erholsame Reise bringt Sie wieder in Form.
⊖ Meinungsverschiedenheiten, Ermittlungen und verloren gegangene Unterlagen bedrohen eine wichtige geschäftliche Unternehmung. Sie sind mit heiklen Berufsgeheimnissen betraut. Es kann Sie nichts aus dem Gleichgewicht bringen.

Zigeunerorakel
• *Gefühle*
Position 1: Vergangenheit
⊕ Eine geheime Liebschaft mit einem anderweitig gebundenen Menschen gibt Ihrem Schicksal eine neue Wendung.
⊖ Nach einem großen Misserfolg sind Sie schmerzlich enttäuscht über eine Verbindung, die nicht hätte sein sollen. Ein Geheimnis belastet Sie.

Position 2: Gegenwart
⊕ Nachdem Sie verletzt wurden, heilen Ihre Gefühle. Kunst, Musik und Natur helfen Ihnen, zu sich selbst zurückzufinden.
⊖ Eine Gefühlskrise, Ernüchterung. Ohne offenkundigen Grund gerät ein Vorhaben mit dem Partner in den Hintergrund.

Position 3: Unerwartete Ereignisse
⊕ Kleine Annehmlichkeiten, tröstende Einladungen und Spaziergänge in der Natur helfen Ihnen, eine Enttäuschung zu überwinden. Ein heimliches Treffen.

⊖ Unannehmlichkeiten, ein überraschendes Zusammentreffen, ein scheinbar unerhebliches Ereignis stören Ihren Familienfrieden.

Position 4: Ergebnis
⊕ Nachdem das Schlimmste überstanden ist, finden Sie erneut Ihren Frieden dank der Unterstützung durch Ihre Familie und Ihre Freunde.
⊖ Überschattetes Glück. Sie brauchen Geduld, um sich wieder zu erholen.

- *Erfolg*

Position 1: Vergangenheit
⊕ Ihr Einsatz in Studium und Beruf haben Ihnen eine beneidenswerte Position eingebracht.
⊖ Ein ehrgeiziges Projekt kommt aufgrund von Beanstandungen und bürokratischer Hürden zum Stillstand.

Position 2: Gegenwart
⊕ Ein Geschäft, das bereits am Laufen ist, bringt gute Gewinne ein. Sie können es sich erlauben, etwas Urlaub zu machen.
⊖ Der Verlust eines wichtigen Gegenstands oder Schriftstücks bedroht eine problemlos gestartete Unternehmung.

Position 3: Unerwartete Ereignisse
⊕ Ein meisterhafter Streich, eine Entdeckung oder Erfindung wird Ihr Leben verändern. Suchen Sie sich Sponsoren.
⊖ Unannehmlichkeiten und Rückschläge auf einer Geschäftsreise.

Position 4: Ergebnis
⊕ Gut gemacht! Die von Ihnen begonnene Unternehmung wird erfolgreich sein.
⊖ Kritik, Langwierigkeit, fehlende Übereinstimmung. Scheinbar abgeschlossene Angelegenheiten werden Ihnen zu schaffen machen.

- *Geld*

Position 1: Vergangenheit
⊕ Ökonomische Ausgeglichenheit infolge einer gewinnbringenden Unternehmung.
⊖ Bußgelder, Besteuerung und Verlust des guten Rufs sind die Strafe für einen Fehler in der Vergangenheit.

Position 2: Gegenwart
⊕ Nach einer Niederlage erholen Sie sich langsam, aber beständig.
⊖ Misstrauen und Uneinigkeit unter Geschäftspartnern verhindern einen lukrativen Handel. Dem Druck von außen kann nur wenig Widerstand geboten werden.

Position 3: Unerwartete Ereignisse
⊕ Ein überraschender Urlaub an einem ruhigen Ort vermindert die Anspannung.
⊖ Falsche Ratschläge und Geheimnisse kommen ans Licht und führen bei einem Geschäftshandel zum Überziehen von Fristen.

Position 4: Ergebnis
⊕ Gute Geschäfte lindern Ihre finanziellen Nöte.
⊖ Sorglosigkeit oder Misstrauen bringen einen Handel zu Fall, der Sie für einige Zeit interessiert hat.

21 – Der Berg

Grundbedeutung
Hindernis, Widerstand

Hellseherische Bedeutung
⊕ Eine Sehnsucht kommt auf, Ehrgeiz, ein bevorstehender Geschäftsabschluss, Initiation.
⊖ Ein nutzloser Versuch, ein unüberwindbares Hindernis.
Zeitraum: 21. bis 31. Juli
Rat: Setzen Sie Ihre Ziele parallel zu denen der anderen um. Maßlosigkeit schafft die Voraussetzungen für die Niederlage.

Geführte Deutung
Jahreslegung
⊕ Sie möchten mit Ihren ehrgeizigen beruflichen Projekten an die Öffentlichkeit treten. Konzentrieren Sie sich auf Verbindlichkeit. Mit einer guten Arbeitstechnik finden Sie auch noch Zeit für Ihre Lieben, Ihre Freunde und für sich selbst. Sie werden hinreichend Anerkennung und Bestätigung finden.
⊖ Trotz bester Bemühungen ist eine berufliche Unternehmung zum Scheitern verurteilt. Sie kämpfen alleine in einer feindseligen Umgebung, der Sie zu Recht misstrauisch begegnen.

Zigeunerorakel
• *Gefühle*
Position 1: Vergangenheit
⊕ Sie haben Ihr emotionales Ziel erreicht, indem Sie eine stabile und vertrauensvolle Verbindung eingegangen sind.
⊖ Eine scheinbar stabile Beziehung entpuppt sich nach der Bedrohung und Problemen von außen als gehaltlos.

Position 2: Gegenwart
⊕ Versöhnung mit der Familie nach einer Krise, mit Demut wird die Beziehung wiederhergestellt.
⊖ Unüberwindbare Hindernisse. Die Person, nach der Sie sich verzehren, weist Sie weiterhin zurück.

Position 3: Unerwartete Ereignisse
⊕ Überraschender Besuch einer braunhaarigen und ergebenen Person. Warmherzige Gastfreundschaft. Würdigung.
⊖ Vertrauensmissbrauch durch eine braunhaarige Person.

Position 4: Ergebnis
- ⊕ Alle Voraussetzungen sind erfüllt, um eine glückliche und dauerhafte Beziehung mit einer braunhaarigen Person einzugehen.
- ⊖ Bruch der Beziehung zu einer Person, die bereits anderweitig gebunden ist. Apathie, Bedauern, Einsamkeit.

• *Erfolg*
Position 1: Vergangenheit
- ⊕ Ein abgeschlossener Vertrag wird Sie für die Opfer, die Sie gebracht haben, belohnen.
- ⊖ Eine schwere Niederlage bewirkte einen Strategiewechsel. Unvermeidbarer Verzicht.

Position 2: Gegenwart
- ⊕ Methode, Beständigkeit und Antrieb sind derzeit Ihre Stärken. In Studium und Beruf erzielen Sie hervorragende Ergebnisse.
- ⊖ Unbefriedigende berufliche Tätigkeiten und eine feindselige Umgebung. Das Ziel, das Sie angestrebt haben, entpuppt sich als Täuschung.

Position 3: Unerwartete Ereignisse
- ⊕ Die Wertschätzung durch andere ermuntert Sie, nach Höherem zu streben. Konkurrenzlose Strebsamkeit.
- ⊖ Unerwartete rechtliche Probleme. Die Situation wird kompliziert und erfordert Stabilität. Begründetes Misstrauen.

Position 4: Ergebnis
- ⊕ Gute Vorbereitung und gute körperliche Verfassung. Sie werden schnell und umfassend zum Erfolg gelangen.
- ⊖ Unverdiente, aber unvermeidbare Niederlage. Wenn die Krise vorüber ist, bleibt nur der Neuanfang.

• *Geld*
Position 1: Vergangenheit
- ⊕ Materieller Wohlstand mit wiederholten Opfern. Sparen Sie geduldig und investieren Sie mutig.
- ⊖ Schwere Opfer. Extreme Sparsamkeit an der Grenze zum Geiz.

Position 2: Gegenwart
- ⊕ Eine Finanzwirtschaft, mit der ein Problem gelöst wird. Entlastung durch Markterholung.
- ⊖ Heikle Geschäftshandel. Unsichere Investitionen in einer komplizierten Situation.

Position 3: Unerwartete Ereignisse
- ⊕ Großer, unerwarteter Erfolg wird Sie ermutigen, ein höheres Risiko einzugehen.
- ⊖ Unüberlegtes Darlehen an eine junge, bedürftige Person.

Position 4: Ergebnis
- ⊕ Sicheres Einkommen. Ein Geschäft kommt zu einem guten Abschluss. Fahren Sie fort mit einer bevorstehenden Investition.
- ⊖ Vergebliche Mühe, unüberwindbare Hindernisse. Die Niederlage ist sicher.

22 – Der Weg

Grundbedeutung
Entscheidung, Wendepunkt

Hellseherische Bedeutung
⊕ Eine einschneidende Entscheidung, ein Geschäftsbeginn.
⊖ Pause, Kompromiss, moralische Erwägungen.
Zeitraum: 1. bis 10. August
Rat: Verschwenden Sie keine Zeit mit der Erwägung einer Entscheidung, die so bald wie möglich erfolgen sollte.

Geführte Deutung
Jahreslegung
⊕ Sie versuchen gerade, eine einschneidende berufliche Wahl zu treffen – das ist riskant, aber richtig. Bestätigung Ihrer Position. Geschäftsreise. Großer sportlicher Erfolg.
⊖ Anders als zunächst vermutet, wird das Arbeitsprojekt, auf das Sie gehofft hatten, misslingen oder zum Stillstand kommen. Sie sind umgeben von Schmeichlern, die Sie jederzeit abzulenken bereit sind. Ablehnung oder Kompromisse.

Zigeunerorakel
• *Gefühle*
Position 1: Vergangenheit
⊕ Sie haben sich in der Liebe auf eine neue Herausforderung eingelassen. Zweite Heirat nach einer Scheidung.
⊖ Ein unzumutbarer Kompromiss hat Sie dazu gebracht, den von Ihnen geliebten Menschen zu verlassen.

Position 2: Gegenwart
⊕ Sie fühlen endlich, auf dem richtigen Weg zu sein. Ungezwungene Gesellschaft von einer blonden Person.
⊖ Eine zwielichtige oder feindselige Person wird Sie ablenken. Arglistige Gerüchte.

Position 3: Unerwartete Ereignisse
⊕ Eine überraschende Reise. Aufregende Begegnung mit einem Fremden. Liebesbotschaften sind unterwegs.
⊖ Attraktive und überzogene Angebote. Eine äußerst erotische Erfahrung.

Position 4: Ergebnis
⊕ Das Leben bietet Ihnen eine zweite Chance. Die Person, die Sie lieben, wird Sie glücklich machen.

⊖ Ihre Projekte werden behindert. Verbindungen und Hochzeiten werden verzögert. Annehmbare Kompromisse, neue Dinge, die untersucht werden sollten.

- *Erfolg*

Position 1: Vergangenheit

⊕ Eine mutige und entscheidende berufliche Wahl. Traditionen sollten berücksichtigt werden.

⊖ Eine Pause ist wichtig, um Luft zu holen, Ideen zu sammeln und über die neu eingeschlagene Richtung nachzudenken.

Position 2: Gegenwart

⊕ Ein riskanter, aber ausgezeichneter Handel festigt Ihre Position oder bringt Ihnen die sehnlich erwartete Anerkennung ein.

⊖ Ehrgeizige Schmeichler versuchen, sich Ihnen anzunähern.

Position 3: Unerwartete Ereignisse

⊕ Überraschende Geschäftsreise. Terminankündigungen. Unerwarteter sportlicher Erfolg.

⊖ Unliebsame Neuigkeiten. Gerüchte und Kompromisse schaden Ihrem Ruf.

Position 4: Ergebnis

⊕ Vorab getroffene Entscheidungen sichern Ihren Erfolg. Offenkundige öffentliche Anerkennung. Vertrauen Sie einem jungen Partner.

⊖ Geschäftliche Behinderungen, verzögerter Erfolg. Neue Angebote sollten überprüft werden.

- *Geld*

Position 1: Vergangenheit

⊕ Riskante Geschäfte haben Ihnen ein kleines Investitionskapital beschert.

⊖ Durch fehlgeschlagene Geschäfte haben Sie Ihr letztes Geld verloren. Verzögerte Erholung aufgrund von rechtlichen Auseinandersetzungen.

Position 2: Gegenwart

⊕ Ruhige Zeiten in finanzieller Hinsicht. Ersparnisse werden auf klassische Weise angelegt.

⊖ Schwierige Bedingungen aufgrund von Täuschung. Die Offenheit gegenüber Neuem bringt Risiken mit sich.

Position 3: Unerwartete Ereignisse

⊕ Vorteilhafte Angebote. Kapitalbeschaffung durch einen wohlhabenden Ausländer. Vortrefflicher Auktionserwerb.

⊖ Unerfreuliche Nachrichten vom Aktienmarkt. Es drohen Bußgelder und Haftstrafen. Änderungen sollten besser nicht vorgenommen werden.

Position 4: Ergebnis

⊕ Sichere wirtschaftliche Situation. Gönnen Sie sich den hart erarbeiteten Luxus, doch vergessen Sie nicht die Bedürftigen!

⊖ Verzögerungen werden Sie daran hindern, falsche Entscheidungen zu treffen. Ihre Geschäftspartner trachten danach, Sie nach unten zu ziehen.

23 – Die Mäuse

Grundbedeutung
Verlust, Niederlage

Hellseherische Bedeutung
⊕ Geschäftliche Komplikationen. Fehlgriffe, falsche Freunde.
⊖ Betrug, Schulden, schlechte Investitionen.

Zeitraum: 11. bis 20. August
Rat: Sich Fehler einzugestehen, ist der erste Schritt, um sie nicht zu wiederholen.

Geführte Deutung
Jahreslegung
⊕ Ein Monat voller finanzieller Schwierigkeiten, Krisenanfälligkeit und Fehlgriffe. Unzureichende Gewinne und Geschäftsabschlüsse stellen sich als Täuschungen heraus. Keine großen Gewinne oder Kredite. Hilfsangebote werden nicht eingehalten.
⊖ Aufgrund von Fehlinvestitionen ein in finanzieller Hinsicht sehr stürmischer Monat, Bußgelder oder kleinere Schulden während einer Reise. Finanzielle Sorgen und ein schwieriges Finanzmanagement sorgen für Ruhelosigkeit, die das Gefühlsleben belastet. Die Ausgaben übersteigen die Einkünfte.

Zigeunerorakel
• *Gefühle*
Position 1: Vergangenheit
⊕ Eine angenehme, aber kurzlebige Affäre hat für Enttäuschungen gesorgt. Ein Partner lehnt es ab, eine einengende Beziehung, die jedoch von öffentlicher Bedeutung ist, zu beenden.
⊖ Eine unglückliche Liebesgeschichte mit einem längeren rechtlichen Nachspiel.

Position 2: Gegenwart
⊕ Andauernde Auseinandersetzungen in der Familie oder mit Freunden über sinnlose Themen. Vorsicht: Aus kleinen Kämpfen kann ein Krieg entstehen.
⊖ Emotionale Ruhelosigkeit. Abenteuer und flüchtige Freundschaften, jedoch ohne echte Grundlage.

Position 3: Unerwartete Ereignisse
⊕ Gebrochene Versprechen. Auffällige Geschenke von geringem Wert. Ein braunhaariges Kind sorgt für Kummer.
⊖ Schulden oder Kontoabhebung, um einem geliebten Menschen in Not zu helfen.

Position 4: Ergebnis
⊕ Aus Verzweiflung und aufgrund von Missverständnissen bleibt alles wie zuvor. Keine Veränderung in Sicht.
⊖ Leidenschaft für eine Person, die weder emotional noch finanziell mit Ihnen in Verbindung steht.

• Erfolg
Position 1: Vergangenheit
⊕ Eine scheinbar einflussreiche Person hat Sie mittels gebrochener Versprechen verführt.
⊖ Sie haben sich überzeugen lassen, eine Verpflichtung einzugehen, die nicht Ihren Erwartungen entspricht. Unvermeidbare Enttäuschungen.

Position 2: Gegenwart
⊕ Falsche Einschätzungen und Vorurteile mischen eine ohnehin bereits komplizierte Situation auf.
⊖ Berufliche Unzufriedenheit schafft innere Unruhe und löst psychosomatische Beschwerden aus.

Position 3: Unerwartete Ereignisse
⊕ Die Person, auf deren Hilfe Sie gezählt haben, ist zuvorkommend und guten Willens, jedoch hat sie keine Kraft.
⊖ Keine Hoffnung auf Fortschritt. Unerwartete Hindernisse.

Position 4: Ergebnis
⊕ Ein positiver Zeitabschnitt erscheint Ihnen bereits als Erfolg. Aber seien Sie auf der Hut! Die Sache könnte einen Haken haben.
⊖ Die Gefühlsebene nimmt Einfluss auf Ihr berufliches Fortkommen. Es besteht die Gefahr, dass Sie in beiden Bereichen versagen.

• Geld
Position 1: Vergangenheit
⊕ Die Bitte um finanzielle Unterstützung eines jungen Familienmitglieds entwickelt sich zu einer Meinungsverschiedenheit.
⊖ Sie kommen immer noch für die Folgen einer finanziellen Fehlentscheidung, für einen Betrug oder für Schulden auf.

Position 2: Gegenwart
⊕ Ein zusätzliches Einkommen oder ein kleiner Gewinn reicht nicht aus, um ein Problem zu lösen.
⊖ Schwierigkeiten beim Geschäftsmanagement. Juristische Schwierigkeiten. Die Ausgaben übersteigen Ihr Einkommen.

Position 3: Unerwartete Ereignisse
⊕ Geschäftliche Komplikationen. Der Schaden entsteht durch Einflüsse aus Übersee.
⊖ Ungerechtfertigte harte Bußgelder.

Position 4: Ergebnis
⊕ Keine wirtschaftlichen Veränderungen; kein Erfolg, keine Niederlage.
⊖ Keine ausreichenden finanziellen Ressourcen. Begründete Sorgen um die Zukunft.

24 – Das Herz

Grundbedeutung
Liebe, Glück

Hellseherische Bedeutung
⊕ Große Liebe, Familienglück, Wünsche werden wahr.
⊖ Unbeständigkeit, Probleme in der Familie und im Beruf.
Zeitraum: 21. bis 31. August
Rat: Zweifeln Sie nicht an der Liebe, von der Sie umgeben sind; erwidern Sie die Liebe und geben Sie sie weiter.

Geführte Deutung
Jahreslegung
⊕ Ein Monat völligen Glücks inmitten der Menschen, die Sie lieben. Sie haben eine wunderbare Beziehung, eine fantastische Familie, auf die Sie sich verlassen können, sowie aufrichtige Freunde. Alle emotionalen Wünsche und Bedürfnisse sind erfüllt.
⊖ Unsicherheit und Unzufriedenheit im Hinblick auf Ihre persönlichen Gefühle. Unerwiderte Liebe, ein Streit innerhalb der Familie, ein angespanntes und unzufriedenes Paar, ein Kind mit schulischen Problemen. Sie leiden unter der Abwesenheit einer Person, die in Ihrer Obhut steht.

Zigeunerorakel
• *Gefühle*
Position 1: Vergangenheit
⊕ Sie entstammen einer glücklichen und liebevollen Familie.
⊖ Das Gefühl, zurückgewiesen zu werden, hat Ihr Herz verhärtet. Traurigkeit, Unzufriedenheit.

Position 2: Gegenwart
⊕ Sie haben das Glück, einen großartigen Partner, eine glückliche Familie, gesunde Kinder und liebevolle Freunde zu haben. Eine Schwangerschaft wird erwartet.
⊖ Unangenehme Angelegenheiten der Familie, emotionale Enttäuschung, Auseinandersetzungen mit dem Ehepartner.

Position 3: Unerwartete Ereignisse
⊕ Bekanntschaft oder Zusammentreffen mit einer empfindsamen, faszinierenden und zuverlässigen Person, die großes Interesse an Ihnen hat.
⊖ Gescheiterter Verführungsversuch, mangelnde Erotik. Berufliche oder familiäre Gründe bewegen einen geliebten Menschen zum Wegziehen.

Position 4: Ergebnis
⊕ Sie haben einen großartigen Partner, der über Reichtum und Intelligenz verfügt und völlig vernarrt in Sie ist.
⊖ Unsichere Situation. Die von Ihnen geliebte Person ist bereits anderweitig gebunden und ist nicht bereit, ihre Familie für Sie zu verlassen.

• Erfolg
Position 1: Vergangenheit
⊕ Sie haben eine gute Position, die Sie teilweise einem Ihrer Chefs verdanken.
⊖ Eine günstige Versetzung bewahrt eine gefährdete Beziehung vor dem Scheitern. Gescheiterte Pläne, unerfüllte Wünsche.

Position 2: Gegenwart
⊕ In Liebe und Beruf ist alles perfekt.
⊖ Zeitweilige Entfernung von der Familie aus beruflichen Gründen. Einsamkeit, Kummer.

Position 3: Unerwartete Ereignisse
⊕ Berufliche Termine mit ausgezeichneten Ergebnissen. Ein kostbares Geschenk von vielsagender Bedeutung.
⊖ Entgegen seinen guten Absichten ist ein Kollege, der Sie sehr schätzt, nicht in der Lage, Ihnen zu helfen.

Position 4: Ergebnis
⊕ Als geborener Herzensstürmer genießen Sie Bewunderung, Aufmerksamkeit und Hochachtung.
⊖ Eine berufliche Entscheidung wird Sie in die Fremde bringen und eine fest geglaubte Beziehung gefährden.

• Geld
Position 1: Vergangenheit
⊕ Eine größere Geldsumme für die Zukunft des Partners oder eines Kindes konnte auf die Seite geschafft werden.
⊖ Ihre Neugierde hat Sie dazu gebracht, eine Verbindung einzugehen, von der Sie nicht überzeugt waren.

Position 2: Gegenwart
⊕ Gute Verdienste durch kreative Aktivitäten wie Musik, Schönheit oder Mode.
⊖ Streitigkeiten in der Partnerschaft über die Ausgaben oder Meinungsverschiedenheiten über die Möglichkeiten, Kindern oder Verwandten zu helfen.

Position 3: Unerwartete Ereignisse
⊕ Ein Kredit oder eine Gefälligkeit von einem engen Freund beenden Ihre Bedrängnis.
⊖ Kleinere Auseinandersetzung wegen eines Geschenks. Unerfüllte Wünsche. Übermäßige und dennoch unzureichende Ausgaben, um die Launen des Partners zu befriedigen.

Position 4: Ergebnis
⊕ Fabelhafte Verbindung mit einer wohlhabenden, verliebten Person. Sorglose Zukunft. Vermögen und Profit entwickeln sich bestens.
⊖ Krisenanfälligkeit, schwankende Gewinne und Kapitalanlagen.

25 – Der Ring

Grundbedeutung
Ehe, Partnerschaft, Vertrag

Hellseherische Bedeutung
⊕ Bevorstehende Heirat, feste Beziehung, vorteilhafter Vertragsabschluss.
⊖ Unfähigkeit, sich zu entscheiden, eine zerbrochene Verbindung.
Zeitraum: 1. bis 10. September
Rat: Bevor Sie ein ernst gemeintes Angebot annehmen, sollten Sie sich vorher Klarheit verschaffen.

Geführte Deutung
Jahreslegung
⊕ Sie stehen kurz vor einer grundlegenden emotionalen Entscheidung. Dennoch sind Sie zuversichtlich und sich Ihrer Gefühle sicher. Eine positive Nachricht erleichtert eine schwierige Situation. Vorteilhafte Vertragsabschlüsse. Verlockende geschäftliche Gelegenheiten. Sieg über jedes Hindernis.
⊖ Eine anstehende emotionale Entscheidung, für die Sie noch nicht bereit sind, macht Ihnen zu schaffen. Sie sind angespannt, weil Sie sich nicht frei fühlen oder die gewünschte Person anderweitig gebunden ist.

Zigeunerorakel
• *Gefühle*

Position 1: Vergangenheit
⊕ Eine stabile Beziehung gibt Ihnen den nötigen emotionalen Halt.
⊖ Zweifel, Eifersucht, unbegründete Ängste haben eine märchenhafte Verbindung zerstört.

Position 2: Gegenwart
⊕ Wachsende Gefühle. Begründete Hoffnung. In der Familie steht eine Hochzeit bevor.
⊖ Vollkommene körperliche Anziehung. Der Genuss wird durch ungünstige Umstände getrübt.

Position 3: Unerwartete Ereignisse
⊕ Ein außergewöhnliches Ereignis klärt alle Zweifel um die geliebte Person.
⊖ Machen Sie das Beste aus Ihrem aktuellen Glück. Ein Außenstehender wirft einen Schatten auf das Leben als Paar.

Position 4: Ergebnis
⊕ Gute Nachrichten bringen Bewegung in eine festgefahrene Situation. Ein Partner wird eine Entscheidung treffen, auf die Sie gehofft haben.

⊖ Unfähigkeit, sich zu entscheiden. Eine frühere Verbindung bewirkt Trennung. Gegensätzliche Freuden.

• Erfolg

Position 1: Vergangenheit
⊕ Mit der Hilfe Ihrer Lieben sind Sie vorwärts gekommen oder haben Ihren Abschluss absolviert.
⊖ Eine unglückliche Beziehung mit einer Person, die schon anderweitig gebunden war, hat Ihr Studium und Ihre Karriere behindert.

Position 2: Gegenwart
⊕ Eine gute Beziehung mit der Familie und dem Partner regt Sie dazu an, auch im Beruf das Beste zu geben. Sie triumphieren über Schwierigkeiten.
⊖ Die Arbeitsteilung mit einem Kollegen sorgt für Rivalitäten und Rollenkampf.

Position 3: Unerwartete Ereignisse
⊕ Gute Neuigkeiten geben Ihnen neuen Antrieb. Vorteilhafte Vertragsabschlüsse.
⊖ Ein Lehrgang oder eine unerwartete Geschäftsreise entfernt Sie für längere Zeit von Zuhause.

Position 4: Ergebnis
⊕ Beruflicher Aufstieg, Karrierehöhepunkt. Gut bezahlte Tätigkeiten.
⊖ Wenn Sie dem Erfolg zu sehr nachjagen, drohen Sie Liebe und Anerkennung Ihres Partners zu verlieren.

• Geld

Position 1: Vergangenheit
⊕ Eine üppige wirtschaftliche Lage aufgrund einer passenden Heirat.
⊖ Wirtschaftliche Krisenanfälligkeit hat eine Hochzeit, die Geburt eines Kindes oder ein Häuschen zu zweit vereitelt.

Position 2: Gegenwart
⊕ Materieller Wohlstand geht einher mit körperlichem Wohlgefühl. Je besser Sie in Form sind, desto mehr arbeiten und verdienen Sie.
⊖ Ihr Lebensstil und Ihr Fortkommen passen nicht zusammen. Übertriebene Ausgaben, um die Erwartungen des Partners zu erfüllen.

Position 3: Unerwartete Ereignisse
⊕ Ein Glücksfall. Gewinn. Außergewöhnliche geschäftliche Möglichkeiten, denen sofort nachgegangen werden sollte. Ein formschönes Geschenk von dem geliebten Menschen.
⊖ Das Leben als Paar wird überschattet von Problemen wie Ratenzahlungen, Schulden, Terminen und Rechnungen.

Position 4: Ergebnis
⊕ Schwierigkeiten werden gemeistert. Wohlstand. Freude.
⊖ Fortwährende, wenngleich geringere wirtschaftliche Schwierigkeiten bedrohen noch immer das emotionale Wohlbefinden von Familie und Paar.

26 – Das Buch

Grundbedeutung

Geheimnis, Ausbildung, Weiterbildung

Hellseherische Bedeutung

⊕ Intime Geheimnisse, angenehme Erinnerungen.
⊖ Traurigkeit, Bedauern, schwere Gewissensbisse.

Zeitraum: 11. bis 20. September
Rat: Vertrauen Sie Ihre Pläne niemandem an. Die besten Ideen haben Sie selbst.

Geführte Deutung

Jahreslegung

⊕ In diesem Monat geschieht nichts Besonderes. Sie setzen sich mit der Vergangenheit auseinander und bekommen alles besser in den Griff.

Ihre Gedanken kreisen um Arbeit, Studium und Reisen. Ein ungelegener, aber vorteilhafter Umzug.
⊖ Eine schwierige Zeit, die Ihre Geduld und Ihre Opferbereitschaft auf die Probe stellt. Ihr Ehrgeiz und Ihre beruflichen Pläne, an die Sie fest geglaubt haben, scheitern. Verzögerungen und Schwierigkeiten während einer Geschäftsreise. Seien Sie auf der Hut vor eifersüchtigen Personen!

Zigeunerorakel

• *Gefühle*

Position 1: Vergangenheit
⊕ Das Festhalten an Erinnerungen und abgeschlossenen Liebesaffären hindert Sie daran, sich auf neue Beziehungen einzulassen.
⊖ Niedergeschlagenheit, Reue und Schuldgefühle binden Sie an eine Liebesaffäre, die längst vorbei ist.

Position 2: Gegenwart
⊕ Die großartige Liebe existiert nur in Ihrer Vorstellung.
⊖ Wenn Sie Ihren Partner jenseits jeglicher Vernunft idealisieren, werden Sie dabei seine/ihre wahre Persönlichkeit vergessen.

Position 3: Unerwartete Ereignisse
⊕ Eine erforderliche Reise oder eine Gefälligkeit sind gute Gelegenheiten für eine romantische Begegnung.
⊖ Beständige Niedergeschlagenheit und Aufruhr belasten die Stimmung in der Familie.

Position 4: Ergebnis
- ⊕ Wenn Sie nicht aus Ihrem Elfenbeinturm herauskommen, drohen Sie in Einsamkeit und ohne Liebe alt zu werden.
- ⊖ Die Zukunft für das Paar ist unsicher. Mit Ihren Plänen und Träumen liegen Sie auf verschiedenen Wellenlängen.

- **Erfolg**

Position 1: Vergangenheit
- ⊕ Sie haben zu viel geträumt, dabei die Realität vergessen und wichtige Gelegenheiten versäumt. Unentschlossenheit.
- ⊖ Vergebliches Bemühen um ein ehrgeiziges Ziel haben Ihre Kräfte erschöpft.

Position 2: Gegenwart
- ⊕ Betrachten Sie die derzeitigen Erfahrungen als Vorbereitung auf den Erfolg von morgen.
- ⊖ Eine eifrige und neidische Person, die reserviert erscheint, heckt einen trügerischen Plan aus.

Position 3: Unerwartete Ereignisse
- ⊕ Wenn Sie an unerwartete Hindernisse stoßen, ist Ihr Herz der beste Ratgeber. Geniale und entscheidende Einsichten.
- ⊖ Reisen und Unternehmungen im Dienst der Öffentlichkeit können Schwierigkeiten nach sich ziehen.

Position 4: Ergebnis
- ⊕ Heimliche Träume und Pläne werden umgesetzt. Eine lange Reise klärt Ihre Vorstellungen.
- ⊖ Ziele werden spät oder mit hohem Preis erreicht.

- **Geld**

Position 1: Vergangenheit
- ⊕ Ihr Gefühlsleben hat den Sinn für Sachlichkeit in den Hintergrund gedrängt, wobei Sie die Bedeutung von Geld unterschätzt haben.
- ⊖ Die schlechten Erfahrungen Ihrer Familie im Hinblick auf finanzielle Angelegenheiten haben Ängste in Ihnen ausgelöst, die mit Ihrem Geschäftssinn nicht vereinbar sind.

Position 2: Gegenwart
- ⊕ Maximale Gleichgültigkeit für die praktische Seite des Lebens. Aufregende Erfahrungen, an denen jedoch lediglich Ihr Innenleben teilhat.
- ⊖ Objektiv betrachtet waren Ihre Augen größer als Ihr Magen. Ein Plan muss von Grund auf neu überdacht werden.

Position 3: Unerwartete Ereignisse
- ⊕ Die Gewohnheit, Begebenheiten und Termine aufzuschreiben, bewahrt Sie vor einem Problem, dass Sie bei sich selbst entdeckt haben.
- ⊖ Unerwartete Verluste am Aktienmarkt sowohl aus innen- als auch außenpolitischen Gründen.

Position 4: Ergebnis
- ⊕ Wenn Sie Ihren Träumen und Intuitionen folgen, werden Sie eine bedeutsame Summe gewinnen.
- ⊖ Finanzielle Pläne, die noch zu unklar sind, um umgesetzt zu werden.

27 – Der Brief

Grundbedeutung
Nachricht

Hellseherische Bedeutung
⊕ Wichtige Neuigkeiten, Mitteilungen.
⊖ Keine Antwort, nutzlose Nachricht.
Zeitraum: 21. bis 30. September
Rat: Eine Warnung sollten Sie ernst nehmen. Ihre Pläne sind gefährdet.

Geführte Deutung
Jahreslegung
⊕ Wichtige Neuigkeiten und vielversprechende Angebote im Berufsleben; dennoch sollte man sich seine Entscheidungen vorher gut überlegen. Positive Veränderungen, erfolgreiche Projekte. Behalten Sie eine Empfehlung in Erinnerung.
⊖ Sie machen unbehagliche Zeiten durch. Sie sind ruhelos und warten auf ein berufliches Feedback, was Ihre Rastlosigkeit noch verstärkt.

Zigeunerorakel
• *Gefühle*
Position 1: Vergangenheit
⊕ Ein Brief von einem geliebten Menschen oder aus seinem Umfeld hat Ihre Einstellung zur Liebe verändert.
⊖ Das Ende einer Partnerschaft hat in Ihnen ein Gefühl der Niederlage und der Verbitterung hinterlassen.

Position 2: Gegenwart
⊕ Um Ihren Plan umzusetzen, müssen Sie ein großes Opfer bringen.
⊖ Ein aufregendes Liebesabenteuer lässt Sie den Kopf verlieren. Nervöse Anspannung.

Position 3: Unerwartete Ereignisse
⊕ Kleinere Sorgen, aber ebenso große Freude.
⊖ Eine zeitweilige Trennung führt zu Unbehagen und Niedergeschlagenheit. Emotionale Überreaktion.

Position 4: Ergebnis
⊕ Ihre Beziehung bekommt eine neue Chance, um vertieft zu werden. Durch Ihren Einfluss entwickelt sich Ihr Partner in eine positive Richtung.
⊖ Auf Ihre Liebeserklärung bekommen Sie keine Antwort.

- *Erfolg*

Position 1: Vergangenheit
- ⊕ Ein Schreiben, eine Mitteilung, ein unerwartetes Vorstellungsgespräch verändern Ihre bisherigen Pläne.
- ⊖ Sie bereuen noch immer eine großartige versäumte Gelegenheit, die Sie aufgrund von Unaufmerksamkeit oder wegen eines Missverständnisses nicht ergriffen haben.

Position 2: Gegenwart
- ⊕ Ihre berufliche Situation ist nicht beneidenswert, auf längere Sicht besteht jedoch Aussicht auf Verbesserung.
- ⊖ Keine Antwort auf eine Arbeitsanfrage. Ein zurückgewiesenes Vorhaben. Erhoffen Sie sich keine Wahlmöglichkeiten.

Position 3: Unerwartete Ereignisse
- ⊕ Neuigkeiten bewirken eine Änderung Ihrer Arbeitsweise.
- ⊖ Eine schlechte Bewertung, Missbilligung oder eine sportliche Niederlage sorgen für Spannungen in der Familie.

Position 4: Ergebnis
- ⊕ Gute Erfolgschancen. Wenn Sie in Demut einige Ratschläge befolgen, können Ihre Fähigkeiten zutage kommen.
- ⊖ Zeitweilige Niederlage und Enttäuschung. Unbegründete Niedergeschlagenheit und Ruhelosigkeit.

- *Geld*

Position 1: Vergangenheit
- ⊕ Dank der Empfehlung eines Experten ist eine kleine Investitionssumme im Wachsen begriffen.
- ⊖ Eine Marotte und ein Reise haben Ihr Budget erschöpft. Schulden müssen beglichen werden.

Position 2: Gegenwart
- ⊕ Wichtige Neuigkeiten. Ihr Bankkonto sollte überprüft werden.
- ⊖ Negative Rückmeldung auf eine Finanzierungsanfrage.

Position 3: Unerwartete Ereignisse
- ⊕ Ein ermunterndes Zeichen, ein kleiner Gewinn oder ein Geldschein, der auf der Straße gefunden wird.
- ⊖ Ein unangenehmes, unvorhersehbares Ereignis macht Verhandlungen zunichte, die bereits zu einem guten Resultat gelangt waren.

Position 4: Ergebnis
- ⊕ Eine Investition für ein Kind oder einen Verwandten stellt sich als lohnenswert heraus.
- ⊖ Das Gelingen eines Vorhabens steht und fällt mit einer Unterschrift, auf die gewartet werden muss.

28 – Der Herr

Grundbedeutung
Der Ratsuchende selbst, Herzensmann

Hellseherische Bedeutung
⊕ Geliebter Mann, verlässlicher Freund, sicherer Arbeitsplatz.
⊖ Zweifel, Unzufriedenheit.
Zeitraum: 1. bis 10. Oktober
Rat: Vertrauen Sie einer freundlichen Person, die sehr stolz auf Sie ist.

Geführte Deutung
Jahreslegung
⊕ Ein Monat voller Glück, der sich durch viel Harmonie in der Familie, Feste, Einladungen und wichtige Anschaffungen für das Heim auszeichnet. Eine überraschende Liebeserklärung lässt Ihr Herz höher schlagen.
⊖ Zweifel, Unzufriedenheit, kleinere Missverständnisse und emotionales Unbehagen. Sie geben vor, entspannt zu sein, spüren in Wahrheit aber, dass eine Veränderung ins Haus steht und befürchten das Ende einer Beziehung.

Zigeunerorakel
• *Gefühle*
Position 1: Vergangenheit
⊕ Sie haben bereits die große Liebe gefunden und halten zu ihm/ihr.
⊖ Sie halten an der Vergangenheit fest, wobei Ihnen alte Zweifel und unerfüllte Wünsche zu schaffen machen.

Position 2: Gegenwart
⊕ Einladungen, interessante Angebote. Leidenschaftliche Briefe, geschrieben von einer hellhaarigen Person.
⊖ Ihr Zuhause wird von verkrampftem Frohsinn beherrscht, hinter dem sich Unzufriedenheit und Missverständnisse verbergen.

Position 3: Unerwartete Ereignisse
⊕ Überraschende Familienfeier aufgrund eines erfreulichen Ereignisses.
⊖ Ungerechtfertigte Veränderungen und unvernünftige Vorhaben stören die gewohnte Ruhe.

Position 4: Ergebnis
⊕ Die sentimentale Situation, die Sie beschäftigt, wird eine positive Wendung nehmen.

⊖ Unruhe sorgt für Verwirrung in der Partnerschaft, ist aber nur von kurzer Dauer. Die Versöhnung ist sicher.

- *Erfolg*

Position 1: Vergangenheit
⊕ Ihre solide schulische und berufliche Ausbildung befähigt Sie zum Austausch und zur Zusammenarbeit.
⊖ Ein Arbeitswechsel erfüllt Sie mit Zweifel. Sorglosigkeit und Zufriedenheit sind nur oberflächlich.

Position 2: Gegenwart
⊕ Ihre Arbeit erfüllt Sie mit Zufriedenheit und Enthusiasmus. Ihr Chef und Ihre Kollegen schätzen und mögen Sie.
⊖ Schwierige Zeiten mit den Kollegen. Gefühlsschwankungen, Lob und Kritik wechseln sich ab.

Position 3: Unerwartete Ereignisse
⊕ Ein interessantes Angebot von einem zuverlässigen Fachmann.
⊖ Richtungswechsel, kreative Projekte und interessante Ideen, die jedoch nicht umgesetzt werden können.

Position 4: Ergebnis
⊕ Ein interessantes Arbeitsangebot wird Früchte tragen. Entscheiden Sie sich für das bessere.
⊖ Eine sehr befriedigende Zeit bricht für Sie an, jedoch sollten Sie sich hüten, sich auf Ihren Lorbeeren auszuruhen. Machen Sie neue Pläne.

- *Geld*

Position 1: Vergangenheit
⊕ Sie haben ein Vermögen für ein Haus ausgegeben, auf das Sie sehr stolz sind. Sie bereuen keine Ihrer Entscheidungen.
⊖ Unsicherheit und Zweifel im Hinblick auf termingebundene Ausgaben und Investitionen.

Position 2: Gegenwart
⊕ Ein gutes Angebot durch einen hellhaarigen Mann.
⊖ Aufgrund von Missverständnissen und Schuldzuweisungen entgeht Ihnen ein gutes Angebot, das Sie praktisch schon fest in der Hand hatten.

Position 3: Unerwartete Ereignisse
⊕ Künstlerische oder kreative Aktivität für einen guten Zweck oder als Marotte.
⊖ Übermäßige Ausgaben für Kleidung und Aussehen. Es ist an der Zeit, eine Diät zu machen und sich auf die Dinge zu besinnen, die man mag.

Position 4: Ergebnis
⊕ Keine finanziellen Probleme, keine Schulden oder Sorgen.
⊖ Auch ohne herausragenden wirtschaftlichen Erfolg steht Ihnen Ruhe und Zufriedenheit ins Haus.

29 – Die Dame

Grundbedeutung
Die Ratsuchende selbst, Herzensdame

Hellseherische Bedeutung
⊕ Eine geliebte Frau, ein aufrichtiger Freund, ein mächtiger Verbündeter.
⊖ Eine egoistische, eingebildete, unzuverlässige Frau. Ein Rivale, Feind.
Zeitraum: 11. bis 20. Oktober
Rat: Vertrauen Sie einer Frau, die Sie liebt (Freundin, Mutter). Sie wird immer tun, was zu Ihrem Besten ist.

Geführte Deutung
Jahreslegung
⊕ Ein Monat der großen Auflösung, die verschiedene Bereiche Ihres Lebens betrifft, sich aber auf Geldangelegenheiten konzentriert. Sie können mit verlockenden Geschäftsangeboten, angemessenen Verdiensten oder Positionsveränderungen rechnen, die Ihre Beziehung zu Ihrem Chef und den Kollegen verbessern.
⊖ Ihre Finanzen erleiden einen Schlag aufgrund unerwarteter politischer Entscheidungen, die sich auf die Wirtschaft auswirken. Gefahr, beim Spiel zu verlieren.

Zigeunerorakel
• *Gefühle*
Position 1: Vergangenheit
⊕ Sie sind mit sich selbst und mit anderen im Einklang, gute Verbindungen und nützliches Wissen über die Vergangenheit.
⊖ Eine egoistische und eingebildete Person, vielleicht eine reife Frau, hat Sie behindert.

Position 2: Gegenwart
⊕ Sie genießen unbeschwerte Zuneigung. Sie haben dieselben Werte und denselben Geschmack wie Ihr Partner.
⊖ Zweideutiges Verhalten und unklare Absichten verbergen sich hinter einem freundlichen Gesicht. Eifersucht.

Position 3: Unerwartete Ereignisse
⊕ Abenteuer, Singletreffen. Überraschungen. Eine Schwangerschaft für das Paar.
⊖ Missverständnisse und Lügen werden plötzlich aufgedeckt. Sebstverteidigungsversuche ohne triftige Gründe, die nicht hingenommen werden können.

Position 4: Ergebnis
⊕ In einer glücklichen Verbindung werden Sie bei Ihrem Partner Frieden finden, oder Sie werden sich trennen, wenn es der Verbindung an Liebe fehlt.
⊖ Ärger und Unmut nehmen zu und führen zu einem Bruch der Beziehung. Einsamkeit und Langeweile für Singles.

- *Erfolg*

Position 1: Vergangenheit
⊕ Sie konnten immer auf einen mächtigen Verbündeten zählen.
⊖ Eine eingebildete und egoistische Frau hat vorgegeben, Ihre Entscheidungen zu lenken. Unterbrochene Verhandlungen, Hindernisse, um Sie aus der Bahn zu werfen.

Position 2: Gegenwart
⊕ Ein gutes Verhältnis mit dem Chef und den Kollegen. Vertrauen. Komplizenschaft. Konstruktive Kritik.
⊖ Spannungen und Neid am Arbeitsplatz. Missgeschicke, die von Ihren Rivalen ausgekundschaftet werden.

Position 3: Unerwartete Ereignisse
⊕ Dank der Hilfe eines Fachmanns können Sie Bußgelder, Strafen und bürokratische Hürden umgehen.
⊖ Ein fachgerechter Betrug wird zufällig aufgedeckt. Ein entschlossener Rivale schmiedet Pläne gegen Sie.

Position 4: Ergebnis
⊕ Ein interessanter Vertragsabschluss, der jedoch noch etwas auf sich warten lässt, steht bevor. Ein sehr befriedigender Aufgabenwechsel.
⊖ Ihre Feinde hauen Sie übers Ohr. Verlust Ihrer Aufgaben und Ihrer Glaubwürdigkeit.

- *Geld*

Position 1: Vergangenheit
⊕ Eine Geschäftsbeziehung mit einer reifen, beschützenden Frau.
⊖ Eine übel wollende Frau hat Sie bereits in der Vergangenheit zu behindern versucht und von Ihren Zielen abgelenkt.

Position 2: Gegenwart
⊕ Ein vorteilhaftes Vertragsangebot muss noch erwogen werden.
⊖ Eine egoistische und eingebildete Person lässt Sie schwer arbeiten, um ihren Ansprüchen gerecht zu werden.

Position 3: Unerwartete Ereignisse
⊕ Geldausgaben für Kunst und Kultur. Nützlicher Hinweis von einer blonden Frau.
⊖ Zähe Verhandlungen. Investitions- und Immobilienangebote, die Sie getrost beiseite legen können.

Position 4: Ergebnis
⊕ Ihre Einkünfte und Ihre Möglichkeiten, Dinge umzusetzen, entsprechen Ihren Erwartungen.
⊖ Verzögerungen beim Einfordern von Darlehen oder Leihgaben.

30 – Die Lilie

Grundbedeutung
Harmonie, Sexualität, Leidenschaft

Hellseherische Bedeutung
⊕ Gefühle sollten erklärt werden. Keuschheit.
⊖ Unfruchtbarkeit, Einsamkeit, übermäßige Vorsicht, Bindungsängste, Flucht.
Zeitraum: 21. bis 31. Oktober
Rat: Bevor Sie sich in ein Abenteuer stürzen, sollten Sie zuerst nachdenken.

Geführte Deutung
Jahreslegung
⊕ Ein Monat der Langeweile und der abgekühlten Gefühle, nur wenig Gespräche innerhalb der Familie; ein leidenschaftsloses Leben als Paar, das keine Übereinstimmung findet.
⊖ Aufgrund zu großer Zurückhaltung kühlt eine Liebesaffäre ab. Nach einer unschönen Auseinandersetzung erscheint Ihr Partner plötzlich hart, eigensinnig und skrupellos.

Zigeunerorakel
• *Gefühle*
Position 1: Vergangenheit
⊕ Äußere Umstände zwingen Sie zur Keuschheit.
⊖ Strenge Beherrschung der Gefühle und die Furcht, sesshaft zu werden, haben Sie einsam und misstrauisch gemacht.

Position 2: Gegenwart
⊕ Eine direkte Konfrontation und zuverlässige Aussagen sind die einzigen Möglichkeiten, um eine Beziehung fortzusetzen.
⊖ Eine feindliche und kühle Atmosphäre in der Familie mit wenig Gefühlen. Empfängnisschwierigkeiten oder Verweigerung, Kinder zu haben.

Position 3: Unerwartete Ereignisse
⊕ Kleinere Missverständnisse und Unzuverlässigkeiten sorgen für Ärger.
⊖ Ein Streit mit einem Partner, einem Verwandten oder einem herrschsüchtigen Nachbarn.

Position 4: Ergebnis
⊕ Eine langjährige Beziehung oder eine zweite Ehe stellt sich als Enttäuschung heraus.

- ⊖ Der Versuch, das Leben als Paar oder die Familie zu beherrschen, stößt auf den Widerstand der Menschen, die Sie lieben.

- **Erfolg**

Position 1: Vergangenheit
- ⊕ Ein autoritärer Vorgesetzter, mit dem Sie in Konflikt geraten sind, hat negative Veränderungen in Ihnen bewirkt.
- ⊖ Macht und Bürokratie, die starke Gegenreaktionen in Ihnen ausgelöst haben, schlagen mit Einschränkungen, Sanktionen und rechtlichen Debatten zurück.

Position 2: Gegenwart
- ⊕ Anstrengung und Müdigkeit geben Ihnen das Gefühl, für Ihre Aufgaben bereits zu alt zu sein. Einem Partner sollten Sie besser nicht vertrauen.
- ⊖ Hindernisse und Enttäuschungen durch einen unflexiblen Vorgesetzten. Machtmissbrauch, Ungerechtigkeit.

Position 3: Unerwartete Ereignisse
- ⊕ Begegnung mit einem bekannten und einflussreichen Fachmann, der jedoch den Ruf hat, nicht ehrlich zu sein. Gegenmaßnahmen sollten sofort ergriffen werden.
- ⊖ Bürokratische Ungereimtheiten, Bußgelder, Streitigkeiten. Ihre Kraft und Motivation schwinden.

Position 4: Ergebnis
- ⊕ Ihr Arbeitsleben neigt sich dem Ende zu. Frühzeitiger Ruhestand aufgrund von äußeren Umständen.
- ⊖ Ihre Neigung zu Macht und Autorität macht Sie unbeliebt. Krankheit aufgrund von zu großer Anspannung. Traurigkeit.

- **Geld**

Position 1: Vergangenheit
- ⊕ Die Umstände haben Ihre Ausgaben eingeschränkt. Melancholie. Genügsamkeit.
- ⊖ Furcht vor Verantwortung und Routine hat Sie zu einem freien Lebenswandel bewegt, es fehlt Ihnen jedoch stets an Geld.

Position 2: Gegenwart
- ⊕ Versuchung und verlockende, jedoch unklare Gelegenheiten bringen gefährliche Gedanken hervor.
- ⊖ Wirtschaftlicher Verlust aufgrund von falscher Verwaltung der Ersparnisse.

Position 3: Unerwartete Ereignisse
- ⊕ Streit mit einem Vorgesetzten, Verwandten oder einer Amtsperson.
- ⊖ Eine vorteilhafte geschäftliche Gelegenheit ist Ihnen aufgrund von zu viel Vorsicht entwischt.

Position 4: Ergebnis
- ⊕ Eine zweckgebundene Heirat oder ein Vertrag machen Sie nicht froh.
- ⊖ Gier und Eigensinn ziehen Unglück nach sich.

31 – Die Sonne

Grundbedeutung
Wärme, Kreativität, heilend

Hellseherische Bedeutung
⊕ Bewusstheit der eigenen Möglichkeiten. Probleme werden gelöst.
⊖ Verlust von Energie. Enthusiasmus und Optimismus nehmen ab.
Zeitraum: 1. bis 10. November
Rat: Nutzen Sie Ihre Talente und vertrauen Sie auf sich selbst.

Geführte Deutung
Jahreslegung
⊕ In Beruf und Geschäftsleben stehen wichtige Veränderungen bevor. Gute Neuigkeiten aus der Ferne. Vorteilhafte Vertragsabschlüsse. Interessante Geschäftsangebote.
⊖ Nach einer beruflichen Enttäuschung oder einer juristischen Niederlage fühlen Sie sich unkreativ und antriebslos. Sie befürchten einen Stillstand und entziehen sich daher einer verpflichtenden Angelegenheit.

Zigeunerorakel
- *Gefühle*

Position 1: Vergangenheit
⊕ Äußere Umstände haben Sie dazu gezwungen, für Ihre Lieben Position zu beziehen.
⊖ Vermindertes Interesse, geringere Begeisterung oder innerliche Verwirrung hat Sie von den geliebten Menschen entfernt.

Position 2: Gegenwart
⊕ Bewusstheit der eigenen Verantwortung. Wiederherstellung der Harmonie in der Familie nach einer Aussprache oder einer Reise.
⊖ Wirtschaftliche Probleme und körperliches Unwohlsein sondern Sie von Ihren Lieben ab und bewirken einen kühlen Umgang.

Position 3: Unerwartete Ereignisse
⊕ Gute und wichtige Neuigkeiten von der Familie oder einem entfernten Gefährten. Eine Hochzeit wird angekündigt. Umzug. Geburt.
⊖ Ein unerfreulicher Brief. Ihr Partner fragt nach einer Erklärung für Ihr ausweichendes Verhalten.

Position 4: Ergebnis
- ⊕ Reines Glück. Jedes Familienmitglied übernimmt seine Aufgaben. Die lang ersehnte Ankunft eines Kindes.
- ⊖ Verwirrung der Gefühle und mangelnder Enthusiasmus, die sich nicht aufzulösen scheinen. Das Paar bleibt beisammen, wenn auch unwillig.

- *Erfolg*

Position 1: Vergangenheit
- ⊕ Ein Vorgesetzter hat Sie bei Ihrem beruflichen Fortkommen unterstützt und hat Ihre Fähigkeiten entdeckt.
- ⊖ Ihre andauernde Teilnahmslosigkeit ist auf Erschöpfung, Anspannung oder auf eine Niederlage zurückzuführen, die Sie immer noch belastet.

Position 2: Gegenwart
- ⊕ Auseinandersetzungen am Arbeitsplatz um Gerechtigkeit und Ehre. Eine verpflichtende Verbindung.
- ⊖ Abnahme von Motivation und Verbindlichkeit. Abgebrochene Beziehungen sorgen für Verwirrung. Apathie.

Position 3: Unerwartete Ereignisse
- ⊕ Wichtige Neuigkeiten. Vorteilhafte Angebote. Ein Arbeitsvertrag. Eine vorteilhafte Versetzung im Anschluss an eine Reise.
- ⊖ Verzögerte unerfreuliche Nachrichten.

Position 4: Ergebnis
- ⊕ Künstlerische oder politische Erfolge. Abgeschlossenes Studium. Eine hoch dotierte Position. Wertschätzung seitens der Öffentlichkeit.
- ⊖ Ein schlecht vorbereitetes oder unerschwingliches Vorhaben. Ein aufgrund von mangelnden Geldmitteln und fehlendem Interesse abgelehnter Vorschlag. Versuchen Sie es erneut.

- *Geld*

Position 1: Vergangenheit
- ⊕ Ein Vertrag beendet eine länger andauernde finanzielle Krise. Schulden werden beglichen. Ersparnisse.
- ⊖ Finanzielle Verluste. Schäden an Eigentum oder Grundbesitz sind noch nicht beglichen.

Position 2: Gegenwart
- ⊕ Gut ausgehandelte Ausgaben für eine Bildungsreise, für das Studium der Kinder oder für einen Umzug.
- ⊖ Strenge, Entbehrung, nur wenig Vergnügen.

Position 3: Unerwartete Ereignisse
- ⊕ Ein bereits lang erwarteter Geschäftsbrief. Rückerstattung von Darlehen. Ein Handelsvertrag.
- ⊖ Verzögerte oder ausgebliebene Neuigkeiten. Juristische Niederlage.

Position 4: Ergebnis
- ⊕ Wirtschaftliche Flaute. Sie werden zwischen Vorsorge und Großmut die richtige Balance finden.
- ⊖ Eine Unternehmung geht schief, weil der Zeitpunkt nicht richtig ist. Zuvor sollten Sie die Situation genau untersuchen.

32 – Der Mond

Grundbedeutung
Gefühle, Romantik, Intuition

Hellseherische Bedeutung
⊕ Erfüllbare Träume, Offenbarung, Vorwarnung.
⊖ Falsche Vorstellungen, verzerrte Fantasie. Geplatzte Träume.
Zeitraum: 11. bis 20. November
Rat: Wenn Sie eine neue Bekanntschaft beurteilen sollen, folgen Sie am besten Ihrem Bauchgefühl.

Geführte Deutung
Jahreslegung
⊕ Ein glücklicher Monat geprägt von romantischer Liebe. Eine Liebesaffäre beginnt. Spiritueller Einklang, gemeinsame Wertvorstellungen. Kurze Reise mit dem geliebten Menschen.
⊖ Stürmische Zeiten in der Liebe. In der Beziehung kommt es zu Spannungen, Eifersucht und Kälte. Für verträumte Singles ist der Zusammenprall mit der Realität schmerzhaft.

Zigeunerorakel
• *Gefühle*
Position 1: Vergangenheit
⊕ Der Liebe wegen haben Sie eine lange Reise gemacht oder eine Versetzung in Kauf genommen, die Ihr Leben verändert hat.
⊖ Ein romantischer Traum ist beendet. Enttäuschung in der Liebe, über die Sie nicht hinwegkommen.

Position 2: Gegenwart
⊕ Harmonische und romantische Verbindung gegründet auf gemeinsame Ansichten, die sich jedoch in der Anfangsphase befinden.
⊖ Kälte, Ärger, Eifersucht, angezettelt von einer blonden und unzuverlässigen Person.

Position 3: Unerwartete Ereignisse
⊕ Überraschende Enthüllungen. Kleine Missgeschicke wegen einer verwitweten oder geschiedenen Person.
⊖ Unerwartete Schwangerschaft, die Sorgen bereitet.

Position 4: Ergebnis
⊕ Langes und friedvolles Leben, schöne Kinder, eine perfekte Beziehung mit einem zärtlichen und beschützenden Partner.

⊖ Die Affäre, die Sie im Sinn haben, bleibt Einbildung. Die Person, um die es geht, ist nichts für Sie.

- *Erfolg*

Position 1: Vergangenheit
⊕ Sie arbeiten hart an der Umsetzung Ihrer Träume, doch der Weg ist lang und steil.
⊖ Sie haben sich für einen Berufsweg entschieden, die Ihnen nicht liegt. Enttäuschung. Geplatzte Träume.

Position 2: Gegenwart
⊕ In guter Teamarbeit verwirklichen Sie gemeinsame Ziele. Kritik und Konkurrenz sind unangebracht.
⊖ Die Bemühungen zur Verwirklichung Ihrer Träume bleiben ohne Resonanz. Enttäuschung.

Position 3: Unerwartete Ereignisse
⊕ Geschäftsbeziehungen im Ausland. Überraschende Einladungen. Verlockende Reiseangebote. Arbeitsangebote im Ausland.
⊖ Unerwartete Schwierigkeiten durch eine verantwortungslose Person.

Position 4: Ergebnis
⊕ Verwirklichte Träume. Künstlerische Karriere. Erlangen von Bekanntheit. Ein Mitarbeiter wird Ihnen eine große Hilfe sein.
⊖ Ihre Vorstellungen entsprechen nicht der Wirklichkeit, was Ihnen schmerzlich bewusst wird. Grenzen und Niederlagen müssen Sie hinnehmen.

- *Geld*

Position 1: Vergangenheit
⊕ Durch selbstständige oder künstlerische Unternehmungen haben Sie sich verschuldet.
⊖ Aus romantischen Beweggründen oder wegen einer überraschenden Geburt haben Sie Schulden gemacht und Opfer gebracht.

Position 2: Gegenwart
⊕ Ein romantischer Zigeunerhaushalt, jedoch mit wenig verfügbarem Geld und ohne die Möglichkeit, etwas für unvorhersehbare Ereignisse beiseite zu legen.
⊖ Ihr Lebensstil übersteigt Ihre Möglichkeiten. Allzu beiläufig geleistete Ratenzahlungen.

Position 3: Unerwartete Ereignisse
⊕ Geschenke von großer Bedeutung und Symbolgehalt, empfindsame Mitteilungen, Poesie. Kleine Gewinne in der Lotterie durch das Tippen auf Zahlen, die im Traum erschienen sind.
⊖ Eine unerwartete und schwierige Schwangerschaft verbraucht die Ersparnisse.

Position 4: Ergebnis
⊕ Wenn Sie Ihrer Intuition und Ihrem guten Geschäftssinn folgen, werden Sie einen vorteilhaften Handel abschließen können.
⊖ Liebe und Geld bereiten Ihnen Schwierigkeiten und Sie werden die Zeche bezahlen müssen.

33 – Der Schlüssel

Grundbedeutung
Erfüllung des Herzenswunsches, etwas geschieht

Hellseherische Bedeutung
⊕ Die Lösung liegt auf der Hand. Nützliches Wissen.
⊖ Verschlossene Türen, bittere Enttäuschung, unmögliche Lösungen.
Zeitraum: 21. bis 30. November
Rat: Es ist nutzlos, ein unausführbares Projekt zu verfolgen. Wechseln Sie schnellstmöglich die Richtung!

Geführte Deutung
Jahreslegung
⊕ Für die Arbeit ein außergewöhnlicher Monat, in dem sich alles auf magische Weise ereignet. Dank Ihrer nützlichen Kontakte – aber ebenso aufgrund Ihrer guten Vorbereitung – werden Sie eine befriedigende Arbeit oder aufregende Aufgaben finden. Eine faszinierende Reise.
⊖ Im Bereich der Arbeit erwartet Sie eine Enttäuschung, weil Ihr – durchaus raffinierter – Lösungsvorschlag derzeit nicht umsetzbar ist. Ihr Geltungsbedürfnis und Ihre Enttäuschung greifen auf die Familie über, zumal Sie diese in Form von Ärger und ungerechtfertigten Auseinandersetzungen an sie weiterleiten.

Zigeunerorakel
• *Gefühle*
Position 1: Vergangenheit
⊕ Ihr intensives Gesellschaftsleben hat Sie mit verschiedenen Abenteuern belohnt, jedoch warten Sie noch auf eine ganz ungewöhnliche Begegnung.
⊖ Wegen einer tragisch geendeten Beziehung sind Sie noch immer traurig und niedergeschlagen. Es ist Zeit für etwas Neues.

Position 2: Gegenwart
⊕ Sie sind mit praktischen Angelegenheiten Ihrer Lieben beschäftigt, für Romantik bleibt Ihnen nur wenig Zeit. Unterstützung von Ihren Freunden.
⊖ Sorgen, Enttäuschungen und das Gefühl der Unfähigkeit, Probleme zu meistern; Abwesenheit eines geliebten Menschen.

Position 3: Unerwartete Ereignisse
⊕ Überraschende Feierlichkeiten und Familientreffen aufgrund einer Abreise oder einer Rückkehr.

⊖ Zu Ihrer Überraschung widersetzt sich Ihr Partner oder tadelt Sie. Ehestreit über misslungene Pläne und nicht eingehaltene Versprechen.

Position 4: Ergebnis
⊕ Glückliche Verbindung, Lebensgemeinschaft oder Heirat mit einer fremden Person.
⊖ Bittere emotionale Enttäuschung, Einsamkeit, da Sie die Person, für die Sie alles gegeben hätten, fallengelassen hat.

• *Erfolg*
Position 1: Vergangenheit
⊕ Am Arbeitsplatz haben Sie von nützlichem Wissen profitiert. Tapferes Vorgehen entgegen der Meinung aller.
⊖ Ein gescheitertes Projekt lässt schmerzliche Erinnerungen zurück, die Ihre heutigen Entscheidungen belasten.

Position 2: Gegenwart
⊕ Sie sind auf der Suche nach einer befriedigenden Arbeit, bei der Ihre Talente zur Geltung kommen. Anträge und Unterlagen sollten vorbereitet werden.
⊖ Minderwertigkeitskomplexe, Enttäuschung und das Gefühl der Unzulänglichkeit. Mit einem unmöglichen Lösungsvorschlag schlagen Sie über die Stränge.

Position 3: Unerwartete Ereignisse
⊕ Eine glänzende Lösung liegt auf der Hand. Ernstgemeinte und realistische Angebote. Durch spontane Hilfe wird ein Problem gelöst.

⊖ Nach verlockenden Versprechungen wird Ihnen die Tür vor der Nase zugeschlagen. Unterstützung wird Ihnen verweigert.

Position 4: Ergebnis
⊕ Die Situation wird deutlich besser, Schutz und wertvolle Hilfe. Ein Arbeitstreffen verändert Ihre Sichtweise.
⊖ Verschlossene Türen, ein Kurswechsel.

• *Geld*
Position 1: Vergangenheit
⊕ Hohe Gerichtskosten, Erstattung in Aussicht.
⊖ Falsche Investitionen oder Marotten haben Sie trockengesetzt.

Position 2: Gegenwart
⊕ Eine erfolgreiche finanzielle Unternehmung, dank der Unterstützung durch einen einflussreichen Freund.
⊖ Kleinere wirtschaftliche Probleme, enttäuschende und eventuell vergebliche Opfer.

Position 3: Unerwartete Ereignisse
⊕ Ausgaben für glückliche Zusammenkünfte mit Freunden und für kulturelle Reisen.
⊖ Unerwartete Ausgaben. Ein Scheck für eine Person im Ausland.

Position 4: Ergebnis
⊕ Finanzielles Wachstum in gutem Verhältnis zum Risiko. Gute Entwicklung bei Handelsgeschäften in Übersee.
⊖ Fluktuation, unsichere oder geringere Gewinne als erwartet.

34 – Die Fische

Grundbedeutung
Finanzen, Reichtum

Hellseherische Bedeutung
⊕ Der Erfolg entspricht der Handlungsgeschwindigkeit.
⊖ Übermäßige Nervosität, Krankheit.
Zeitraum: 1. bis 10. Dezember
Rat: Handeln Sie schnell, jedoch ohne den Kopf zu verlieren.

Geführte Deutung
Jahreslegung
⊕ In diesem Monat ist schnelles Handeln angesagt, dennoch sollten Sie sich Studium und Beruf widmen. Der Erfolg ist nur möglich, wenn man in Bewegung bleibt und die Verlagerung von Arbeit und Aufgaben ins Ausland akzeptiert. Anerkanntes Guthaben, Beförderung.
⊖ Nervosität, Impulsivität und geistige Verwirrung machen Ihnen am Arbeitsplatz zu schaffen. Es ist sinnlos, sich über die falschen Aufgaben zu ärgern. Enttäuschung ist unvermeidbar. Nehmen Sie sich in Acht vor verborgenen Rivalen und falschen Freunden.

Zigeunerorakel
• *Gefühle*
Position 1: Vergangenheit
⊕ Sie kennen Ihren Partner bereits seit langem und haben eine stabile und anregende Beziehung aufgebaut. Wohnsitz im Ausland.
⊖ Eine Liebesgeschichte endete tragisch aufgrund von Eifersucht und Ruhelosigkeit auf beiden Seiten. Starrsinn.

Position 2: Gegenwart
⊕ Glückliche und stabile Beziehung, unterhaltsame Ausflüge in Gesellschaft.
⊖ Sie werden mit einer ruhelosen und wankelmütigen Person konfrontiert. Halten Sie die Leine kurz, sonst unterliegen Sie.

Position 3: Unerwartete Ereignisse
⊕ Eine romantische Reise oder ein Aufenthalt an Orten der Vergangenheit lösen ein Missverständnis und geben allen Beteiligten neuen Lebensschwung.
⊖ Betrug. Unliebsame Geheimnisse kommen ans Licht.

Position 4: Ergebnis
⊕ Mit überraschender Leidenschaftlichkeit erklärt Ihnen die ersehnte Person, tapfer fortzufahren.
⊖ Die Person, an der Ihnen etwas liegt, hat zwar Charme, ist jedoch unzuverlässig und wird Sie enttäuschen.

• Erfolg
Position 1: Vergangenheit
⊕ Auf Ihren Reisen haben Sie viel gelernt. Sie verfügen über ein fantastisches Gedächtnis.
⊖ Ihre Ängstlichkeit hat Ihre Probleme und berufliche Enttäuschung nur verschlimmert.

Position 2: Gegenwart
⊕ Zur Zeit herrschen Annehmlichkeiten, Optimismus sowie körperliche und geistige Leistungsfähigkeit vor. Unterstützung von einem Freund im Ausland.
⊖ Ihre ständige Anspannung macht ein jedes Problem größer als es eigentlich ist. Geistige Verwirrung, Mangel an Willensstärke und methodischem Vorgehen.

Position 3: Unerwartete Ereignisse
⊕ Ein genialer Streich löst eine verzwickte Situation. Geistige und körperliche Erholung.
⊖ Betrug durch einen Kollegen oder Geschäftspartner. Auseinandersetzung um Prinzipien mit einem Vorgesetzten.

Position 4: Ergebnis
⊕ Beförderung, Aufstieg in der Hierarchie. Verdiente Ehre und Anerkennung. Anregungen und Interessen, die fortgeführt werden können.
⊖ Viele verwirrende Versuche ohne jegliches Resultat. Die Situation ist zu unsicher, um gezielt gelöst werden zu können.

• Geld
Position 1: Vergangenheit
⊕ Eine kleine Geldsumme wurde gefunden oder auf einer Reise gewonnen.
⊖ Eine durchtriebene, unbedeutende Person hat Sie in einen verhängnisvollen Geschäftshandel hineingezogen.

Position 2: Gegenwart
⊕ Eine blühende wirtschaftliche Situation. Darlehen werden zurückgezahlt. Ausgezeichnete Gewinne. Ertragreiche Geschäftshandel im Ausland.
⊖ Unklare Geschäfte, die zu verführerisch sind, um ehrlich zu sein. Halten Sie Ihre Impulsivität im Zaum.

Position 3: Unerwartete Ereignisse
⊕ Ein im Außenhandel erfahrener Bekannter wird Sie bei einem wichtigen Geschäftsabschluss unterstützen.
⊖ Eine Falle durch einen hinterlistigen Berater, der danach trachtet, Sie zugunsten anderer aus dem Rennen zu werfen.

Position 4: Ergebnis
⊕ Der Erfolg entspricht der Handlungsgeschwindigkeit.
⊖ Unratsames Handelsgeschäft, das Risiko übersteigt den Gewinn.

35 – Der Anker

Grundbedeutung
Arbeit, Beruf, Sicherheit

Hellseherische Bedeutung
⊕ Begründete Hoffnung. Im Lauf der Zeit werden Ihre Bemühungen erfolgreich sein.
⊖ Vergebliche Hoffnung, unbefriedigende Ergebnisse.

Zeitraum: 11. bis 20. Dezember

Rat: Sie tun gut daran, Ihre Pläne gegenüber anderen zu verteidigen. Sie haben alles, was Sie benötigen, um erfolgreich zu sein; Sie brauchen lediglich Zeit.

Geführte Deutung
Jahreslegung
⊕ Friedliche Momente. Alles ist im Begriff, sich zu festigen. Eine sentimentale Eroberung gelingt langsam. Eine tiefe, intime Freundschaft entwickelt sich zu einer Liebesbeziehung. Eine enge Begegnung birgt Gefahr.
⊖ Eine Gefühlskrise verschlimmert sich und bringt Sie bis an den Rand des Zusammenbruchs. Wenn die Liebe zu Ende geht, lenken Sie den Blick in eine andere Richtung. Enttäuschungen und Unannehmlichkeiten in der Familie, verursacht durch äußere Umstände oder unliebsame Neuigkeiten.

Zigeunerorakel
• *Gefühle*

Position 1: Vergangenheit
⊕ Sie haben aus Liebe gelitten, doch haben Sie Trost in Ihrer Spiritualität gefunden.
⊖ Sie haben Fehler gemacht, die Sie noch immer bereuen.

Position 2: Gegenwart
⊕ Sie haben schon lange eine bestimmte Person im Sinn, deren Eroberung nur langsam vorankommt und behutsam weitergeführt werden sollte.
⊖ Eine einschränkende und erdrückende Beziehung gibt Ihnen das Gefühl, in einer Falle zu sitzen. Ihr Verantwortungsgefühl hindert Sie daran, sich zu befreien.

Position 3: Unerwartete Ereignisse
⊕ Geschenke und Überraschungen beleben das Interesse einer empfindsamen und besorgten Person.
⊖ Eine Beziehungskrise beendet Meinungsverschiedenheiten. Erkenntnis der eigenen Grenzen.

Position 4: Ergebnis
- ⊕ Eine befriedigende Beziehung wird allmählich ernst. Beide Seiten sind voller Hoffnung.
- ⊖ Vergebliche Hoffnung. Ein enttäuschendes Liebeserlebnis führt zu schmerzvoller Zerrüttung.

• *Erfolg*
Position 1: Vergangenheit
- ⊕ Sie haben hart gearbeitet, mit Optimismus und Leidenschaft; das Resultat wird jedoch nur langsam sichtbar.
- ⊖ Familiäre Probleme und Verluste haben Ihr Studium und Ihre Arbeitssuche ausgebremst.

Position 2: Gegenwart
- ⊕ Eine Zeit von übermäßiger Arbeit. Die Früchte Ihrer Anstrengungen werden im Lauf der Zeit sichtbar.
- ⊖ Verzögerungen im Arbeitsleben. Einschränkende und enttäuschende Tätigkeit, aus der für Sie kein Ausweg in Sicht ist.

Position 3: Unerwartete Ereignisse
- ⊕ Ihr Charme und Ihre Spontaneität bringen Ihnen die Sympathie einflussreicher Persönlichkeiten ein – mit einem schmeichelnden Ergebnis für Ihren Ruf.
- ⊖ Unliebsame Nachrichten, die Sie selbst oder Ihre Familie betreffen, beschäftigen Sie sogar am Arbeitsplatz.

Position 4: Ergebnis
- ⊕ Wohl begründete Hoffnungen. Schrittweise Eroberung einer beneidenswerten beruflichen Position.
- ⊖ Vergebliche Hoffnungen. Herabstufung oder Aufgabenwechsel. Entscheidungen Ihrer Firma, auf die Sie keinen Einfluss haben.

• *Geld*
Position 1: Vergangenheit
- ⊕ Eine gefährliche Angelegenheit wäre beinahe ins Auge gegangen. Jemand hatte einen Betrug im Sinn, dem Sie beinahe zum Opfer gefallen wären.
- ⊖ Wirtschaftliche Einschränkungen aufgrund von falschen Entscheidungen.

Position 2: Gegenwart
- ⊕ Mutige Entscheidungen im Hinblick auf Ersparnisse. Zielgerichtete Verluste.
- ⊖ Ausflüge wegen gesundheitlicher Probleme, Unfälle im Haushalt, traurige Ereignisse.

Position 3: Unerwartete Ereignisse
- ⊕ Eine planmäßige Investition zieht plötzlich Ihre Aufmerksamkeit auf sich und entpuppt sich als gewinnbringend.
- ⊖ Ein Finanzschwindel durch eine Person, der Sie blind vertraut haben.

Position 4: Ergebnis
- ⊕ Wirtschaftliche Sicherheit dank Ihrer umsichtigen und vernünftigen Einstellung.
- ⊖ Eingefrorenes Kapital. Ruhende Geschäfte. Unvorteilhafte Investitionen.

36 – Das Kreuz

Grundbedeutung
Schicksal, Belastung, Prüfung

Hellseherische Bedeutung
⊕ Guter Schutz, Erfolg, Religiösität.
⊖ Ein positiver Zeitabschnitt geht dem Ende zu, rechtliche Niederlage.
Zeitraum: 21. bis 31. Dezember
Rat: Ergeben Sie sich ganz Ihrem Schicksal. Das Glück wird Sie nicht im Stich lassen.

Geführte Deutung
Jahreslegung
⊕ Nichts Neues im Beruf, dennoch sind Sie zufrieden mit dem Erzielten. Konzentration auf das Wesentliche. Anerkennung. Zufriedenheit.
⊖ Im Beruf kommen große Herausforderungen und Prüfungen auf Sie zu. Frust, Einschränkungen oder gar zeitweilige Suspension von der Tätigkeit. Wenn Sie eine grundlegende Veränderung der Situation anstreben, sollten Sie nun alles wechseln: die Aufgaben, den Arbeitsplatz, die Stadt.

Zigeunerorakel
• *Gefühle*
Position 1: Vergangenheit
⊕ Sie haben bereits die richtige Person getroffen, mit der Sie sowohl Interessen und Wertvorstellungen als auch berufliches Engagement teilen.
⊖ Nach einer Phase der Zügellosigkeit und der Auflehnung beginnt nun eine Zeit der Teilnahmslosigkeit und der Einsamkeit.

Position 2: Gegenwart
⊕ Eine fantastische Liebesgeschichte lässt kaum Zeit für Ihre Interessen.
⊖ Im Gefühlsleben werden Sie auf eine schwere Probe gestellt. Ihr Partner ist gleichgültig, kühl oder hat Probleme.

Position 3: Unerwartete Ereignisse
⊕ Familienfeiern. Eine überraschende Verlobung. Eine angekündigte Hochzeit.
⊖ Ein Schock: Ihr Partner hat nur mit Ihren Gefühlen gespielt, hat Sie betrogen, vernachlässigt und nun verlassen.

Position 4: Ergebnis
⊕ Die Person, die Sie im Sinn haben oder der Sie bald begegnen werden, ist Ihre bessere Hälfte. Sie werden ein glückliches Leben führen.

⊖ Ihr betrogener und mit Sorgen beladener Partner nimmt Rache. Untergang, Rechtsstreitigkeiten.

- *Erfolg*

Position 1: Vergangenheit
⊕ Der Weg, den Sie eingeschlagen haben, passt perfekt zu Ihren Wesenszügen. Klare Vorstellungen. Willensstärke.
⊖ Sie haben Ihre Studien und Ihre Bewährungsproben auf die leichte Schulter genommen. Verlorene Zeit und versäumte Gelegenheiten aufgrund von Unreife und Sorglosigkeit.

Position 2: Gegenwart
⊕ Sie arbeiten mit Freude und bringen Ihr ganzes Team dank Ihrer Energie und Ihrer positiven Einstellung zum Erfolg.
⊖ Beschwerliche und schlecht bezahlte Arbeit. Ihre Beschäftigung entspricht nicht Ihren Zielen.

Position 3: Unerwartete Ereignisse
⊕ Sie werden Ihre Prüfungen mit Auszeichnung abschließen. Eine Fortbildung verbessert Ihre Möglichkeiten. Überraschende Feierlichkeiten.
⊖ Eine unerwartete rechtliche Niederlage zieht schwierige Zeiten nach sich.

Position 4: Ergebnis
⊕ Noch sind Sie auf sich gestellt, aber mit Schutz und Unterstützung ist Ihnen eine strahlende Zukunft sicher.
⊖ Übermäßige Strebsamkeit, ohne jegliche Rücksicht auf das Fortkommen anderer, führt zur Katastrophe.

- *Geld*

Position 1: Vergangenheit
⊕ Obwohl Ihnen keine große Menge Geld zur Verfügung stand, haben Sie wahllos investiert.
⊖ Verschwendung von Kapital für überzogenen Luxus. Missbrauch. Aufgedeckte und geahndete gesetzeswidrige Unternehmungen.

Position 2: Gegenwart
⊕ Gut investiertes Geld zugunsten der Ausbildung eines jungen Menschen oder den kulturellen Interessen eines Paares.
⊖ Wichtige Ausgaben und Immobiliengeschäfte, die zu leichtfertig verfolgt werden.

Position 3: Unerwartete Ereignisse
⊕ Ein Darlehen wird überraschend bewilligt. Dankbarkeit gegenüber Verwandten und Freunden.
⊖ Verdiente Strafe. Die Bank verweigert eine Finanzierung. Ein Darlehen wird nur unter hohen Zinsen bewilligt.

Position 4: Ergebnis
⊕ Ihre Aktien werfen gute Gewinne ab. Nutzen Sie die Gelegenheit, aber investieren Sie nun in weniger risikoreiche Aktien.
⊖ Schwierige Geschäftsabschlüsse. Versagen. Verschwendetes Kapital. Angefochtene Erbschaft.

Erstveröffentlichung 2005 unter dem Titel
„Cartomanzia Francese di Mme Lenormand"
von Lo Scarabeo, Turin

Genehmigte Lizenzausgabe
tosa GmbH
Fränkisch-Crumbach 2011
www.tosa-verlag.de

ISBN (13) 978-3-86313-052-7
ISBN (10)   3-86313-052-9

Der Inhalt dieses Buches wurde von Autor und
Verlag sorgfältig erwogen und geprüft. Es kann
keine Haftung für Personen-, Sach- und/oder
Vermögensschäden übernommen werden.

Kein Teil dieses Werkes darf ohne schriftliche
Einwilligung des Verlages in irgendeiner Form
(inkl. Fotokopien, Mikroverfilmung oder anderer
Verfahren) reproduziert oder unter Verwendung
elektronischer oder mechanischer Systeme
verarbeitet, vervielfältigt oder verbreitet werden.